我遇见了你

心灵花园沙盘游戏专业实践历程

谭绍珍　陈科禾　主编

本书系广东省特殊教育精品课程建设项目“情绪多边形”（编号：2021tsjyjpkc05）、广州市民政科技协同创新中心建设专题项目“基于深度学习的困境儿童青少年抑郁风险识别与预测、分级干预及数字化管理平台构建”的阶段性成果

南方传媒　广东经济出版社
·广州·

图书在版编目（CIP）数据

我遇见了你：心灵花园沙盘游戏专业实践历程 / 谭绍珍，陈科禾主编. —广州：广东经济出版社，2024. 12

ISBN978-7-5454-8688-9

Ⅰ. ①我… Ⅱ. ①谭… ②陈… Ⅲ. ①儿童教育—特殊教育—心理健康—健康教育—研究 Ⅳ. ①C93

中国版本图书馆CIP数据核字（2022）第255305号

责任编辑： 刘 倩
责任技编： 陆俊帆
责任校对： 李玉娴

我遇见了你：心灵花园沙盘游戏专业实践历程
WO YUJIAN LE NI：XINLING HUAYUAN SHAPAN YOUXI ZHUANYE SHIJIAN LICHENG
出 版 人： 刘卫平
出版发行： 广东经济出版社（广州市水荫路11号11～12楼）
印 刷： 广州市豪威彩色印务有限公司
（广州市增城区宁西街新和南路4号）

开 本： 730 mm×1020 mm 1/16
印 张： 10.5
版 次： 2024年12月第1版
印 次： 2024年12月第1次
书 号： ISBN 978-7-5454-8688-9
字 数： 150千字
定 价： 88. 00元

发行电话：（020）87393830
编辑邮箱：gdjjcbstg@163. com
广东经济出版社常年法律顾问：胡志海律师
法务电话：020-37603025
如发现印装质量问题，请与本社联系，本社负责调换。

编 委 会

前　言

困境儿童因早年经历、成长环境等各种因素，面临着严峻的心理健康挑战，迫切需要心理专业工作者及社会各界人士关注，保障他们在健康、快乐的环境中成长。根据民政部、教育部、国家卫生健康委员会、中国共产主义青年团中央委员会、中华全国妇女联合会联合印发的《关于加强困境儿童心理健康关爱服务工作的指导意见》，为困境儿童提供专业、有效的心理援助，帮助他们建立健全的人格，更好地融入社会，是我们义不容辞的责任。

为满足困境儿童的心理需求，提升困境儿童的心理健康水平，广州市社会福利院从2007年开始开设沙盘游戏，创建了全国福利机构第一间沙盘游戏治疗室，在十余年的探索和实践中，已经形成一套较完善的心理健康教育课程体系。

沙盘游戏作为一种独特的心理治疗方法，通过创造一个安全、自由、受保护的空间，让困境儿童在沙盘中自由摆放各种沙具，以非语言的方式表达自己的内心世界，从而达到心理治疗的目的。沙盘游戏不仅能够帮助困境儿童释放内心的压力，还能够促进他们自我认知、情绪管理和社交技能的发展。对困境儿童而言，沙盘游戏是一种心灵的慰藉，为他们提供了一个可以倾诉、表达并寻求理解和支持的平台。

本书既是对国内外沙盘游戏理论研究成果和实践工作经验的巡礼，也是对十多年来从事困境儿童心理健康教育的研究、实践的总结，更是对建构困境儿童心理健康教育理论体系和操作模式所做的一次有意义的探索。同时，本书也是作者在攻读博士学位期间的研究成果。书中介绍了困境儿童的心理发展特点，从心理环境和神经生物学的角度深入剖析了困境儿童的心理特征，阐述了沙盘游戏在中国的发展与实践历程，探讨了如何运用沙盘游戏进行创伤治疗和心理援助，以及介绍了志愿服务工作的开展等内容。此外，本书还通过实践研究，探讨了沙盘游戏对困境儿童心理干预的效果，为未来的实践提供了有力的支持，对机构困境儿童心理健康教育工作具有重要的指导意义。

阅读本书，读者可以更加深入地了解困境儿童的心理特点和心理需求，掌握沙盘游戏在困境儿童心理援助中的应用方法和技巧。同时，本书也为关注困境儿童心理健康、致力于困境儿童心理援助工作的人士提供了一份宝贵的参考资料。期望本书能够成为关心困境儿童心理健康的社会各界人士开展心理援助工作的重要参考和灵感来源，愿我们共同为困境儿童创造更加美好的明天。

编者

2024年6月

目录

目　录

第一章

开　　篇

一、心灵花园公益项目

心灵花园公益项目于2007年在广州市社会福利院启动，是全国第一个以心理分析与沙盘游戏为主的公益项目，旨在为困境儿童的心理成长提供专业性支持。以心理咨询的设置为工作框架，在《心灵花园・志愿者管理办法》和《心灵花园・志愿者专业工作伦理守则》规范下开展工作；结合定期的团体辅导，志愿者以沙盘游戏为主要技术，采用一周一次的频率与孩子进行一对一的工作。随着专业化程度的加深，在原有的基础上，与意象体现、表达性艺术治疗以及原型心理剧体验等专业技术相结合，同时注重心理整合与心理重建，注重内在心理治愈力量的唤醒和心理支持系统的恢复，注重以中国文化为基础的感应心法、治愈与转化。

广东东方心理分析研究院是心灵花园公益项目最初的发起机构，其前身为广东东方心理分析研究中心，筹建于第一届心理分析与中国文化国际论坛之际（1998年），致力于发展以中国文化为基础的心理分析与核心心理学，将中国文化融入世界心理学的发展，实现学术、公益和社会实践的整合发展。

广东东方心理分析研究院的创办者申荷永、高岚，同时也是心灵花园公益项目的倡导者及发起人。他们都是心理学教授，是国内最早具有国际资质的心理分析师和沙盘游戏治疗师。他们在创办广东东方心理分析研究院，致力于推动心理分析与沙盘游戏在中国发展的同时，便立志要以自己的学术和专业，为中国困境儿童做力所能及的事情。经过充分的筹备，2007年3月在广州市社会福利院正式设立了第一个心灵花园工作站，启动了心灵花园公益项目。

截至2022年底，全国范围内已建立了90个心灵花园工作站，分布在北京、上海、广州、深圳、成都、重庆、厦门、拉萨、乌鲁木齐、合肥、长沙等城市。其中以所在城市的社会/儿童福利机构为主的站点数约占工作站总数的70%，还有SOS儿童村、为监狱服刑人员子女提供无偿代养代教的太阳村两个系统。以心理分析与中国文化、核心心理学专业技术服务于困境儿童，进行困境儿童心理援助服务，总计服务次数为28796人次，服务时数超10万小时。

历经十五年发展，心灵花园公益项目的心理援助对象从最初的生活在福利机构里的困境儿童，逐渐扩大至特殊教育学校或特殊机构的儿童，拓展到儿童发展困境群体，包括遭遇校园欺凌、被性侵，以及患有孤独症、抑郁症、强迫症、多动症、双相情感障碍等的儿童。

我们希望能更广泛地关注儿童心理健康教育，不仅要关注群体的延伸，更需要从根源上解决问题，推进心理健康教育工作的普及，唤起社会更广泛、更深入的关注和参与，共同推动困境儿童心理服务公益事业的发展。

我们始终认为，学术不应仅仅是研究，更应是一种实践、一种责任。我们希望学以致用，尽我们所能帮助困境儿童健康成长。

2008年，心灵花园公益项目组（简称“项目组”）在汶川、北川、汉旺、德阳、都江堰等地建立了7个心灵花园工作站，并参与了汶川大地震心理救援，是最早进入震区和坚持工作时间最久的专业团队之一。心灵花园公益项目在世界范围内首次将沙盘游戏疗法应用于灾后援助。此后，意大利、日本、美国等国家也将心灵花园公益项目服务模式应用于其国家灾后心理援助，取得了良好效果。2010年，项目组又参与了玉树大地震心理救援，建立了4个心灵花园工作站，并坚持心理援助数年。

2020年，面对新冠肺炎疫情的暴发，本着运用心理分析与中国文化专业知识为困境儿童做力所能及之事的心愿，广东东方心理分析研究院、广东省心理分析研究会、广州洗心岛文化发展有限公司、国际分析心理学会中国学会（CSAP）和国际沙盘游戏治疗学会中国学会（CSST）的专业咨询师，以及其他心理分析专业硕士和博士等300余人，加入此次心理援助志愿行动，为奋战在一线的医务人员及其家属、确诊和疑似患者及其家属，以及心灵花园公益项目各地工作站的服务单位（儿童福利机构、太阳村、SOS儿童村、特殊教育学校、孤儿学校等）的教职工提供一对一的专业心理咨询服务，还特别邀请了国际知名荣格学派心理分析师和沙盘游戏治疗师做公益讲座。随后又开展心灵花园特别电台、心灵花园特别志愿行、心灵花园公益课堂等一系列心理援助行动。

在陆续接到海外学生的在线求助后，“心灵花园2020公益在线”增加了新的服务：面向海外留学生及华人，为身处异乡的同胞提供在线心理支持。

2020年5月，“心灵花园儿童福利机构教职工心理服务体系提升项目”正式启动，共有24家福利机构、400余位教职工参与，实现直接受益人数3000余人，间接受益人数8000余人，开启了心灵花园公益项目深入福利机构对话与合作服务，提升了机构困境儿童心理健康教育水平和综合服务能力，促进了不同儿童福利机构之间的经验交流以及经验传播、推广与学习。

我们希望以专业服务社会，尽己所能参与解决社会问题，以仁爱与慈悲之心投入工作，以专注与专业获得成长。

近年来，在广东东方心理分析研究院、广州洗心岛文化发展有限公司的联合支持下，心灵花园公益项目的发展得到了更多的资源支持。华南师范大学、复旦大学、澳门大学的心理分析研究中心（所/院）都积极参与了心灵花园公益项目的建设，国际分析心理学会（IAAP）、国际沙盘游戏治疗学会（ISST）、国际分析心理学会中国学会、国际沙盘游戏治疗学会中国学会、华人心理分析联合会（CFAP）等也纷纷加入，成为心灵花园公益项目的重要参与者和支持者。心理分析与中国文化专业数百名硕士和博士研究生、博士后及访问学者，数百名毕业于广东东方心理分析研究院的沙盘游戏和心理分析课程的学员，以及近千名来自各行各业的心理学爱好者与从业者，都是本于自觉、出于自愿地组成了心灵花园志愿服务队伍，心手相牵，一路同行。

专业性的志愿服务工作是心灵花园公益项目最突出的特点，也是心灵花园志愿服务队伍稳定发展的基础。心灵花园总部每年都为志愿者提供专业培训课程，包括线上及面授培训，为投身公益的心理工作者提供学习平台，检验及提升其工作技能水平，帮助其加强专业性，提升服务品质。在广东东方心理分析研究院的专业支持下，队伍志愿服务工作的高度专业性得到了保障，也赢得了各地福利机构的认可。参与服务的志愿者人数和服务总时数都在逐年递增，队伍发展壮大。在此基础上，心灵花园志愿服务队伍从学习型组织逐渐向研究型组织发展，以确保更高质量地为困境儿童提供心理援助服务。

从2008年起，项目组连续参与了六届由华人心理分析联合会、国际沙盘游戏治疗学会中国学会、国际分析心理学会和国际沙盘游戏治疗学会等联合举办的全国心理分析与沙盘游戏大会，探讨了困境儿童心理援助的现状、机遇与挑战，挖掘与推广优秀服务模式，促进了有关部门、同行、学者之间的广泛接触与交流，促进了伙伴关系与合作机制的建立，是在心理分析与中国文化基础上的应用性发展和社会实践。国际分析心理学会前主席海思特・所罗门（Hester Solomon）和国际沙盘游戏治疗学会前主席茹思・安曼（Ruth Ammann）均对心灵花园公益项目工作给予了高度的认可和评价，以心理分析与中国文化为基础的心灵花园公益项目模式，也已经被推广至国际心理援助公益行动。

心灵花园公益项目期望通过“对生命的关注与爱”，发挥心理学在生活中的真正作用，以心理学专业技能（心理分析与中国文化专业基础）高质量、专业化地为困境儿童提供心理援助服务，以解决社会问题为导向，更好地促进困境儿童身心健康发展，适应社会需要，融入社会，创造其自身的社会及经济价值。

在中国文化的基础上，发展出一种有效的心理分析理论，包括方法和技术，使之不仅可以临床应用，起到基本的心理治疗的作用，而且能够有助于人的心灵的发展，增进心理健康，发挥心理教育的意义，一直是心理分析与中国文化专业的使命，心灵花园公益项目则是实践这一使命的园地。在专业实践上，心灵花园公益项目致力于加强儿童福利机构的心理教育与心理辅导工作，推动全国儿童福利机构的“心理关怀”和“心理援助”，为困境儿童的心理成长提供专业性支持，让儿童福利机构的每一位孩子通过心理健康教育工作，成为独立自由、健全完整的个体。

心灵花园公益项目以及心灵花园志愿服务队伍的志愿者，将以心理分析、中国文化及核心心理学为基础，以专业的学术力量为困境儿童提供力所能及的心理援助与心理服务，帮助其心理健康发展，一起构建其心灵花园。

二、机构困境儿童的心理发展

在此所谈论的机构困境儿童心理发展包含两个部分：一是机构困境儿童的综合发展，二是机构困境儿童的心理与人格发展。机构困境儿童综合发展的需求涉及养育、医疗、康复、教育、职业生涯发展等多个方面。在这诸多方面中，首要的是养育，满足儿童最基本的生存需求，紧接着就是要解决其医疗问题，包括对脑瘫、失聪、失明，甚至一些罕见的先天性身体疾病的医治，而面对这群极为特殊的儿童，要处理好其医疗问题并不容易。

❶ 以康复为起点的儿童心理教育

在儿童的养育、医疗等生理问题得到了妥善处理后，康复、教育、心理发展等方面就开始变得重要起来。面对机构困境儿童，康复是心理健康辅导员一个很好的切入点，即以康复为起点开展儿童心理教育。

一个人的康复程度与他对自己的评价呈正相关。康复过程中，患者付出多大的努力，就会有多大的成果。在患者做完手术后，医生（尤其是康复医生）会强调，一定要进行康复训练。如果是在普通家庭，家人会鼓励患者进行康复训练。在一个临床个案中，患者的妈妈对孩子的康复训练特别上心，她希望孩子尽快好起来。她在孩子的小学、中学时期拼尽全力鼓励孩子做康复训练，并协助孩子恢复到最好的状态。在这个过程中，当孩子感到比较困难且辛苦时，妈妈就会及时给孩子按摩。但是，在福利机构环境下是没有“亲人鼓励”这个条件的，也正是因为依恋关系的缺失，儿童无法获得如此强烈的鼓励和协助。更重要的是，福利机构儿童缺少一个持续的、稳定的，在身边深深期盼他可以变得更好的人。所以，许多机构困境儿童在康复训练中都是被动的。

面对孩子这种不乐观的康复状态，我们可以做些什么？首先是评估，其次是干预。心理健康辅导工作可以在康复、职业生涯发展、心理与人格发展等多个方面发挥出干预的价值。其中，人格发展是最为重要的一个部分，包括对儿童的评估与对人格发展的辅导。

❷ 儿童的早期评估与个别化教育

对机构困境儿童的评估，借助近年国际上运用广泛、具有代表性的格里菲斯发育评估量表（GMDS），该量表能够很好地把发育状况和心理状况相结合。在儿童评估方面，常见的量表是把发育评估和心理评估分开进行，但格里菲斯发育评估量表则把两者结合起来，是一个实用性较强的评估工具。该量表从运动技能、个人-社会、听力语言、手眼协调、视觉表现、实际推理六大领域进行精准、全面的评估，通过划分六大领域，有效、直观地展示儿童各领域发育的水平，其标准化的常模参照、优异的信度和效度得到了使用者的充分肯定，对存在发育障碍的孩子的评估尤其如此。目前，儿童福利机构养育的困境儿童主体已经转变为重病、重残儿童。这正是需要开展及深化评估的重要背景与依据，因为身体的残障并不代表智力或言语能力的残障。比如，常见的脑瘫孩子可能行走困难，但是他的言语能力并没有受到严重的损伤，他可能具有流畅表达的能力，甚至可能有较强的语言理解能力。所以需要非常个性化地去了解他们，为其提供与其能力相匹配的养育，这就是我们所希望的将儿童的早期评估与个别化教育相结合。

心灵花园公益项目组在困境儿童心理援助专业实践中发现，在有些福利机构中，身体残障但智力损伤较少的儿童常常与存在智力发展缺陷的儿童接受同样的教养，导致这些儿童的受教育程度不足。他们和其他同龄的健康孩子相比会显得发展落后，但实际上这种落后不是学习能力本身的落后，而是没有进行个别化的、分化性的教育导致的发展不足。其中，对于婴儿期就被送入福利机构的儿童来说，早期评估尤为重要。在干预式婴儿观察服务中，有个约10个月大的婴儿，他没有明显的躯体问题，也没有脑瘫。但是，当从他的身后发出声音时，他是没有反应的，因此判断他的听力可能存在问题。如果他确实是失聪的，当时就是一个非常重要的干预时机。因为在人的神经系统发育的过程中，听觉通路的发育往往先于视觉通路的发育，并在大脑的发育及多模态刺激的整合中起着重要作用，所以如果婴儿在6～8个月时仍然不能接收言语刺激，就会影响智力发育。婴儿听不到外在的声音，这个世界对他来讲就是隔离的，不能通过刺激听觉来刺激他的大脑，他的大脑皮层的对应部分就得不到发展。在当下，如果发现儿童听觉有问题，就需要进一步做针对性检查，确认声音放大多少倍的时候他的脑部才可以产生回应，这对于儿童大脑发育来说是非常重要且关键的一步，也体现了机构困境儿童早期评估与个别化教育的重要性。

3 儿童的人格发展

有个孩子在不到一岁的时候发高烧，因视神经损伤而失去了视觉。她的父母当时非常绝望，他们不知道如何抚育一个没有视觉的孩子。这个孩子有着非常多“不被接纳”的经历。首先，她在一所普通小学读书，需要学习盲文，但是没有人能够教她。后来，她转去特殊教育学校就读，在那里，她被发现拥有非常好的听觉，于是被送去学习钢琴。在学习钢琴的过程中，她又被发现音准能力很强，然后她开始深入学习小提琴。最终，她在18岁那年入读了音乐学院。这个孩子在成长路上得到了很多人的帮助，她或许不是音乐天才，但是，她最特别、最优秀的部分在于其人格的完整性，她一直觉得“我只是不方便，我不残缺”。

在她报考音乐学院的过程中，学校方面表示学校没有专属的盲人通道和设备，担心如果收录了这名学生，她的日常生活会面临诸多不便，她可能因此遭受严重的意外伤害，后果不堪设想。于是，校方拒绝了她的申请。当别人劝她考虑换个专业，或是选择能够接收她的普通学校时，她都会很坚定地说：“我喜欢拉小提琴，这是我喜欢的生命的状态，如果不能去音乐学院继续学习，我会选择去教孩子们学习小提琴。我不会去攻读其他专业，我很明确地希望能够上音乐学院。”简单的话语却能够让人深刻感受到一个人格完整的人的状态，这跟她是否有身体缺陷没有必然的关联。但是，对于孩子拒绝一个可能让她获得大学本科文凭的机会，她的父母难以理解。面对父母的长期劝说，她依然坚定自己的选择，最后她被另一所音乐学院录取，不是因为她拉小提琴水平高，而是因为她自身人格的完整性。在参与学校面试时，面试官请她简单介绍自己。

她说：“妈妈说我大概十个月大的时候发高烧，导致眼睛看不见，可是那时我没有记忆。所以，我不知道我是否真的看见过这个世界，还是我所知道的只是我想象中的世界，但是我会很好奇真实的世界与我现在脑子里的这个世界是否一样，它到底是什么样的。我不能看，但是我可以走、可以摸、可以听、可以闻。”

面试官：“如果我录取你了，你会觉得怎么样？”

她说："我知道我所面试的音乐学院非常有名气，对于专业水平要求很高，我也知道，我的视觉障碍可能会使面试官对我有特殊的考虑，请不要出于对我视觉障碍的同情录取我，这是我最不愿意接受的录取我的理由。"

面试官在与她进行简短的互动后，当场就认为这个孩子特别棒，她丧失了"一个部分"，但是她发展了另外的"四个部分"。她很好地建立了自己与这个世界的连接，更加不会将自身的残障当作限制她发展的理由。在工作过程中，我们也曾将福利机构的孩子带到其他社会机构里实习或工作。但有些时候会发现，他们遇到自己的需求不能被满足时，就会使用最原始的婴儿的策略来应对；他们遇到对于普通人来说能够接受的限制、承受的责任时，却不能接受和承受。

此外，在心理健康与心理障碍之间，还存在行为偏差问题。从目前一线工作经验来看，福利机构的大部分孩子都有行为偏差问题。我们需要适当地对孩子们有期望、有要求。从心理发展的角度来看，从2岁开始，父母就要训练孩子做自己能做的事情，学习管理自己。有父母的孩子会尽量去成为父母希望他们成为的人，相比之下，福利机构的许多孩子没有"被期望"，这显然是机构困境儿童在集体养育过程中缺失的一部分，也是一直以来我们积极努力地去弥补的部分。除此之外，安全感较低的孩子在自身发展过程中也非常容易出现行为偏差。从心理发展的角度来看，一个人心理健康的基石，在于从出生到6个月大所形成的安全感，安全感意味着"我相信有一个人会为我提供所有我要的东西，这个世界是属于我的，而不是我哭了却没有人能够及时回应我，因为我的妈妈需要同时照顾很多同龄的孩子而不能专注地照顾我"。而这种安全感，对于在婴幼儿时期就被送到福利机构的儿童来说是很难获得的，因此我们希望能够协助儿童福利机构的心理健康辅导员去了解被抛弃儿童在养育过程中存在的深度心理创伤，并尽可能提供帮助。

第二章

沙盘游戏在中国的发展与实践

一、沙盘游戏

（一）沙盘游戏疗法的内涵与本质

❶ 沙盘游戏疗法的定义

人们对沙盘游戏的理解及表述一直存在着差异，2003年美国西雅图国际沙盘游戏治疗大会提出了对沙盘游戏的理解的重要议题，经过两年多的讨论，在2005年意大利罗马国际沙盘游戏治疗大会上，大家一致通过了以下对沙盘游戏疗法的表述。

Sandplay Therapy is a therapeutic method developed by Dora Kalff and based on the psychological principles of C.G. Jung. Sandplay is a creative form of therapy in using imagination, "a concentrated extract of the life forces both physical and psychic" (C.G. Jung). It is characterized by the use of sand, water and miniatures in the creation of images within the "free and protected space" of the therapeutic relationship and the sand tray. A series of Sandplay images portrayed in the sand tray create an ongoing dialogue between the conscious and the unconscious aspects of the client's psyche, which activates a healing process and the development of personality.

沙盘游戏疗法是一种以荣格分析心理学原理为基础，由多拉·卡尔夫（Dora Kalff）发展创立的心理治疗方法。沙盘游戏是运用意象/积极想象（active imagination）进行治疗的创造形式，是“一种对身心生命能量的集中提炼”（荣格）。其特点是在沙盘的“自由与受保护的空间”中，运用沙子、水和沙具创建意象。沙盘中所表现的系列沙盘意象，营造出沙盘游戏者心灵深处意识和无意识之间的持续性对话，以及由此激发治愈过程和人格（及心灵与自性的）发展。

以上中文表述不仅是对沙盘游戏疗法英文定义的翻译，同时也融入了我们自己的理解。比如，强调荣格分析心理学、意象及积极想象在沙盘游戏疗法中的重要作用，以及将沙盘游戏作为创造疗法等，都是我们与国际沙盘游戏治疗学会前主席茹思·安曼多次通信讨论沙盘游戏疗法定义时所特别关注的。

❷ 自由与受保护的空间

“自由与受保护的空间”是卡尔夫在其沙盘游戏疗法的理论与实践中极为强调的一点。有一次，在卡尔夫介绍完自己的沙盘游戏之后，有人问道：“是什么使得治愈的效果得以在你的沙盘游戏治疗的过程中产生呢？”卡尔夫答道：“我想，那就是我营造了自由与受保护的空间。”可见，自由与受保护的空间是沙盘游戏疗法中的重要的治愈因素之一，而这个自由与受保护的空间的源泉不是别的，恰恰是治疗师本人。

作为沙盘游戏治疗师，我们对自由的理解，对自由与受保护的空间的营造，也将对我们沙盘游戏疗法临床实践的治愈效果产生最为重要和直接的影响。茹思·安曼是卡尔夫的学生，她曾与卡尔夫做过沙盘游戏分析。她说，走进卡尔夫的工作室，在与卡尔夫工作的过程中，她能感受到极大的自由表达的空间以及安全的氛围。这是卡尔夫在其沙盘游戏治疗工作中，为来访者营造的具有支持性和治愈性能量的氛围，而这也正是沙盘游戏治疗中产生治愈效果的关键所在。卡尔夫的沙盘游戏治疗室见图1。

古往今来，关于自由，在政治、文学、历史、哲学等各个领域都多有讨论，这一讨论延续至今。诺贝尔文学奖的获得者加缪在其小说中表达过“自由应是一个能使自己变得更好的机会”；我国教育家陶行知也讨论过自由在儿童教育过程中的重要意义，“要解放孩子的头脑、双手、双脚、空间、时间，使他们充分得到自由的生活，从自由的生活中得到真正的教育”。可见，自由对个体的健康发展具有至关重要的意义。从心理分析的

图1 卡尔夫的沙盘游戏治疗室

角度来讲，如果说心理疾病产生的根源与不自由有关，那么自由便是治愈的密钥。

自由与受保护的空间的创造是对治疗师包容与抱持功力的考验。在瑞士苏黎世第21届国际沙盘游戏治疗大会上，茹思·安曼在报告中说道：“卡尔夫是谁？”然后，她自问自答道：“卡尔夫是一个女人。”卡尔夫是沙盘游戏的创始人，实际上，在这里茹思·安曼所要强调的正是沙盘游戏中所具有的女性般的涵容特质。母性的孕育、滋养与保护，大母神的象征寓意，尽在沙盘游戏自由与受保护的空间之中。这种自由与受保护的空间，并非治疗师口头说出来的，而是从治疗师对待病症的态度中无形创造出来的，是把病症看作危险的恶魔，还是把病症看作具有一定意义并且有待转化的“财富”？这将影响治疗师对自由与受保护的空间的营造。而一旦这个空间被恰当地营造出来，来访者能够在其中找到本身具有的生命能量，那治愈也就有了发生的可能。

❸ 非言语与非指导性的治疗

沙盘游戏是一种非言语与非指导性的治疗，然而，要怎么理解这两点呢？沙盘游戏治疗师能说话吗？能说多少话？怎样能在非指导性的过程中让来访者感受到启发与力量呢？

传统的心理治疗也被称为谈话疗法。从弗洛伊德开创精神分析，到认知行为疗法、人本主义流派等的兴起，谈话几乎贯穿于心理治疗的发展。来访者来到咨询室，躺在“弗洛伊德的沙发”上，或者与咨询师面对面，以某种方式讲述自己的故事。而这里所说的“某种方式”，随着心理咨询与治疗的发展，也发生了变化，它已不仅仅指不同的叙述与言语表达，还拓展到了非言语的层面，来访者有机会以各种非言语的方式进行表达，或是绘画，或是舞蹈，或是泥塑，而沙盘游戏就是一种重要的非言语的表达性治疗。

在沙盘游戏的过程中，沙盘游戏治疗师并非不能说话。事实上，卡尔夫在治疗中就经常说话。而我们所说的非言语是指并非以语言作为主要的分析对象和治疗工具。洛温菲尔德早在临床实践中就观察到，很多心理层面的感受难以用语言表达，她将这一心灵的层面称为“原生系统”，并指出“原生系统”的本质便在于无法用语言表达。特别是在与儿童相关的工作中，儿童更愿意使用游戏的方式表达他们自身。与此同时，她还发现了图画的奇妙象征意义。其实不仅仅是儿童，当成年人面对一种强烈的内心感受时，他也难以用语言形容，而通过沙子的塑形、沙具的选用，他便可找到使潜意识中没有出路的感受进入意识的渠道。来访者全神贯注地沉浸于游戏中的时刻，便是沙盘游戏疗法启动内在治愈功能的时刻。

在沙盘游戏疗法中，游戏是重要的治疗条件之一，游戏的重要性在接下来的章节中也会讲到。在游戏的过程中，来访者内在的创造性得以被激发，通过创造一幅幅与内在景象相应的沙画，其意识慢慢探寻到通往无意识的幽深密径。而在沙盘游戏的过程中，来访者可能没有说话，但是他会用其他的形式“说话”，他的动作，他与沙子的接触，他的眼神和神情，他选择的沙具，都在以“某种方式”跟我们说话。沙盘游戏治疗师需要做的，就是倾听这些特殊的语言，理解无意识的语言，倾听与理解也是创造自由与受保护空间的关键。

游戏的过程是自主性得以发展的过程，并非严肃的指导学习的过程。在这个过程中，沙盘游戏治疗师的角色是陪伴者而非教导者，因而沙盘游戏也被看作一种非指导性的治疗。卡尔夫曾于爱诺思东西方文化圆桌会议中见到日本的禅师铃木大拙，之后，她还远赴日本拜访铃木大拙，并在一间禅院安住了一段时间。在这一时期，卡尔夫从与铃木大拙的接触中获得了很大的启发，她发现沙盘游戏中便已隐含了禅的精神。禅宗强调禅修者莫向外求，需从本自具足的自性中获得领悟，这与沙盘游戏的主张是一致的。禅修者必须依靠自己，直下承担，去面对和调伏自身的妄想、烦恼。沙盘游戏同禅修一样，来访者被看作一个内在本已万全具足的个体，但因无意识和意识间的冲突不能被很好地化解，内在呈现出紧张与混乱，甚至导致心理疾病的产生。而在沙盘游戏治疗的过程中，沙盘游戏治疗师如同禅堂中的主持禅师护持住整个禅堂的正念气氛，抱持住沙盘游戏治疗室中的氛围，给予来访者充足的安全空间来自我发现与体悟。

（二）以荣格分析心理学为基础的沙盘游戏

卡尔夫创立的沙盘游戏疗法的理论基础来自三个方面思想理论的整合：一是荣格的分析心理学理论，二是洛温菲尔德的游戏王国技术，三是卡尔夫所理解的东方文化和哲学，特别是周敦颐的思想。其中，荣格的分析心理学理论是沙盘游戏疗法的理论基础。卡尔夫是荣格的学生，曾在瑞士苏黎世荣格研究院学习了6年，其间与荣格的夫人艾玛·荣格进行心理分析。卡尔夫认为，在其发展沙盘游戏疗法的过程中，“荣格的指导和帮助最为重要”。

集体无意识（collective unconscious）、原型（archetype）、原型意象（archetypal images）、情结（complex）等都是荣格分析心理学中的重要概念，这些也都是沙盘游戏疗法运作的重要基础。

❶ 意识与无意识

荣格认为，人格结构分为意识、个人无意识和集体无意识。意识的核心是自我，是人的心灵中唯一能够被个人直接知道的部分；个人无意识中的内容是情结，情结是一组一组心理内容的聚集，由彼此联系的情感、思想和记忆联结起来，形成心理丛；集体无意识中的内容是原型。荣格分析心理学的要点在于其集体无意识、原型和原型意象的概念，以及其词语联想、梦意象的放大分析法和积极想象等临床技术，这些也都是沙盘游戏疗法的理论基础。荣格用集体无意识来说明人类心灵中所包含的那些共同的、遗传性的精神内容。集体无意识不像个人无意识那样可以归结为个人经验……个人无意识主要是由情结构成，集体无意识则主要是原型……集体无意识原型主要包括自性原型、阴影原型、阿尼玛原型、阿尼姆斯原型、儿童原型等。荣格认为，集体无意识原型总是以意象的象征形式呈现给意识，因此，意识才会觉察到原型的存在与作用。否则，原型就是处于深层无意识的状态，无法被意识直接觉察。

荣格还认为，意识与无意识之间构成了分离或者分裂（separation）的关系，由于意识的态度是片面的，其排斥或压抑的内容便处于无意识（包括个人无意识与集体无意识）状态，因而无意识对意识具有补充或补偿的作用，意识与无意识的统和才构成完整、健全的心灵。于是，消除意识与无意识之间的分离便成为治愈心灵之道。通过积极想象的方法，无意识内容显现、赋形，在意识与无意识的对立之中涌现出创造性意象，并被整合进入意识领域，意识因而得以拓展、丰富，心灵获得整合。

事实上，无意识与意识并不是分崩离析的，而是相互作用、相互补偿的关系。荣格认为，无意识补偿意识的狭隘、偏颇和扭曲，意识的偏见和自居会导致对心灵整体的分割和排斥，那些来自远古的思维、本能和幻想，那些令意识感到痛苦和羞耻的经验，那些多元的态度和功能等诸多方面都被意识排斥于无意识之中。而无意识则通过梦中的意象、幻觉中的意象等，用象征的形式来补偿意识所缺失的内容和功能。因此，无意识对意识具有补偿功能，提醒意识注意这些问题所在，将问题意识化，并通过吸收无意识的信息而拓展意识的范围，进而使心灵获得全面的、整合性的发展。

❷ 集体无意识——原型与原型意象

archetype（原型）一词由希腊文arche（原初）和typo（形式）组成。荣格认为，人类某些基本的经验在几百万年中反复发生，这些经验及与之相伴的情绪、情感形成了某种先天存在的心理结构，它们能使人在相似情境中产生与祖先相似的心理体验和反应。原型是人类原始经验的集结，像命运一样伴随着我们每一个人，其影响可以在每个人的生活中被感觉到。

原型构成了集体无意识，集体无意识是精神的一部分，它与个人无意识截然不同，因为它的存在不像后者那样可以归结为个人的经验，因此不能为个人所获得。构成个人无意识的主要是一些我们曾经意识到，但之后由于遗忘或压抑而从意识中消失的内容；集体无意识的内容从来就没有出现在意识之中，因此也就从未被个人获得过，它们的存在完全源于遗传。

原型本身是无意识的、深层的，我们无从认识它，但可以通过原型意象来理解和感受其意义。荣格用“原型意象”来描述原型将自身呈现给意识的形式，于是，可以把原型意象视为原型的象征性表现，通过意象及象征，便可以了解原型，例如出生、死亡、结婚等，它们都具有原型含义。

无意识以意象形式呈现于意识面前时，则变得可以被感知和描述，一种心理实在才可能被意识化。

原型意象是原型呈现于意识中的形式或表征；原型性的内容总是以隐喻的方式表达自身；原型意象是集体无意识中普遍存在的形式或模式，是宗教、神话、风俗传说的基础内容。原型是所有时代、所有地域的人及其文明中都同样具有的集体无意识内容，而且，无论是宗教的、科学的、哲学的观念，还是伦理学的观念，都必然能够回溯一种或几种原型，现代形式只是其原型观念的不同表现，是原型观念在生活中的实现。诺伊曼在《大母神——原型分析》中论述，源自无意识的象征，是人类精神在其全部表现中的创造性源泉，哲学、宗教、仪式和崇拜、艺术和习俗等，都起源于象征，同样，人类语言也开始于某种象征。他还认为，象征的物质成分使意识处于激活状态，意识受到象征的激发而把兴趣指向象征，并力求去理解它，迫使心灵去同化（assimilate）象征所包含的无意识内容。因此，原型正是通过象征及原型意象来展现和实现其自身，并激活人的心灵去理解原型，理解无意识，融入人类文明之中。

③ 个人无意识——情结

情结是荣格分析心理学的重要概念，其英文是“the feeling-toned complex”，通常简称“complex”，其中“feeling”也可被称为感受，包括心理上、身体上被激发的体验。荣格通过词语联想实验注意到，如果被试对特定词的反应时间比对其他词的反应时间更长，其更易产生情绪上和身体上的反应，且这些反应都是意识难以控制的，干扰意识顺畅的、自然的活动。荣格分析，这些不同寻常的反应现象是其背后无意识内容的运作导致的。于是，他用个人无意识中的“情结”来解释这种心理现象。情结一般由创痛时刻的情景意象和相关记忆组成，它们埋藏在无意识之中，难以被触及[1]。莫瑞·斯坦[2]描述，情结的核心是意象，围绕着意象的是与创伤经历和体验相关的记忆及联想，而将这些内容丛集（constellation）起来的则是强烈的情绪、情感。其中，意象由两部分组成，一是与原初的创伤经历和体验直接相关的意象，二是与原型及原型意象相对应的集体无意识内容。荣格认为，每个情结主要是由一个核心成分（nuclear element）构成的，这是一个意义的载体（a vehicle of meaning），它远远超出意识的意志领域，是无意识的和不被控制的。并且，大量联想都与这个核心成分相联系，这个核心成分一部分来自先天固有的人格倾向，另一部分则来自受其环境所限定和影响的个人经历和经验。可以说，情结由意象、情绪和情感及相关记忆与联想构成，而意象又与原型相关。

经历和体验之前，原型性的元素是以某种意象和驱力的形式存在的，但却没有情结那种造成干扰和制造焦虑的特质。经历和体验与原型相关联导致充满情绪的记忆意象，两者的综合便形成相当稳定的结构，这个结构携带着一定能量，由此就可以把其他相关意象和感受卷进来，从而形成网络，于是，情结的内涵渐渐丰富起来，并会因日后类似的经验而延展。事实上，在心灵的宇宙里，情结是心灵碎片，或者说是心灵的组成部分，其病理起源一般是频繁的创伤经验或情绪、情感创痛，这些创伤经验或情绪、情感创痛与自我意识分离着，其中最常见的起因是无法被自我容纳的道德冲突，而其根源则是无法悦纳人性的全部，相关的所有记忆内容都具有某种特定的情绪、情感基调，具有一种鲜活的情绪感觉（如激惹、气愤等）。情结的每一个“构成分子”都参与到这个情绪、情感基调里，因此，无论这个情结是独自表现还是与其他情结相伴随、相联系着表现，

---

① J. S. JACOBI. Complex, archetype, symbol in the psychology of C. G. Jung［M］. N.Y.: Princeton University Press, 1959.

② M. STEIN. 荣格心灵地图［M］. 朱侃如，译. 中国台湾：立绪文化事业有限公司，1999.

它都会携带其本身的情绪性而不变（Jung，1969）。情结的表现需要一定的诱因，外界生活或内心世界中某些“扳机”式的诱因一旦撞及这些内在情结，就会将其引爆。弗洛伊德在《日常生活心理病理学》中所描述的口误、笔误、忘记熟人姓名等现象，都可被看作情结的表现。

而当情结表现或爆发之时，则为面对情结和处理情结提供了机会，这也可能成为心理治疗工作的突破口。心理咨询和治疗的目的之一就是让当事人将情结意识化，在此过程中逐步理解情结、接纳情结，改变对情结的态度，从而整合与转化情结。为此，意象在此过程中发挥非常关键的作用。绘画、沙盘游戏、积极想象等引发个体内在的感受，引导个体关注身体感受，将此类模糊的感受逐渐凝聚，形成越来越清晰的内在意象。通过对意象的心理操作，当事人逐步认清情结、理解情结、转化情结。

④ 自性与自性化过程

荣格认为，生活中有多少典型的情境，就有多少原型。其中，自性原型是一个核心原型，它是人格的组织原则。自性是统一、组织和秩序的原型，把所有别的原型（人格面具原型、阴影原型、阿尼玛原型、阿尼姆斯原型等）以及这些原型在意识和情结中的显现，都吸引到它的周围，使它们处于一种和谐的状态，它把人格统一起来，给予一种稳定感和“一体”感。人格的最终目标是充分的自性完善和自性实现。人格既是心灵的整体，又是心灵的核心，对心灵的整体结构和运作起到统整作用，而自性化过程则是在自性原型的驱动下所进行的人格发展的核心过程。荣格在《心理学与炼金术》中写道，意识与无意识相互补偿所形成的心灵完整性，就是自性，这一描述说明自性超越了意识自我的范围，包括意识和无意识的整个心灵。

诺伊曼深受荣格影响，使用跨文化神话比较的方法来研究人类自性的发展。他认为，早期的母婴关系是自性与自我关系的基础，这就是自我-

自性轴说。在《意识的起源》中，诺伊曼认为，自我意识是从最初的统一、无分别的自性中涌现出来的，最初统一的自性以咬尾蛇为象征，自我与自性的关系正如婴儿出生时，被母亲的存在围绕，婴儿早期的自性由母亲提供。在儿童早期，母亲意味着儿童的身体、自性甚至是整个世界，随着儿童自主性的增强，儿童从母亲那里获得了自己的自性（内部的自性逐步发挥力量）。

通过对自性原型的理解，卡尔夫认为，心灵治愈事实上是自愈（self-healing）的过程，而自愈过程的核心规律是自性原型的丛集，“只有当自性以象征的形式显现，自我才能有健康的发展。自性的显现保证了人格的发展和坚固化”，即使自性的丛集没有在早年发生（由于被忽视、过分焦虑的母亲、受虐，或者受战争、疾病以及其他因素干扰的影响），它也可能在人生的任何一个关键节点被激活。而沙盘游戏可以促进自性的丛集，通过沙盘游戏，自性得以显现，自我-自性轴联结得以恢复和加强。能够帮助孩子或成人的功能以更加平衡和自然的方式运作，通过连续的沙盘游戏，无论孩子还是成人，自性的显现都可以被激活（Kalff，2003）。精神分析等动力心理学认为，意识及自我是从无意识之中孕育而发展出来的，因此可以说，无意识是意识的母体和土壤，如同一棵大树，即使它长得再高再壮，一旦脱离土壤就会出现问题，意识自我与无意识自性原型之间也需要平衡的联结，消除那些导致意识与无意识之间、自我与自性之间分裂的因素。沙盘游戏治疗中，自性的显现将导致超越，使自我进入新的发展阶段，增强人格的稳定感。

5 意象及象征

“只有具有意象性并因此而可描述，一种心理实在才可能成为意识内容，即能够被描述。”（荣格《人类及其象征》）心理的意象象征功能常常对意识产生一种驱策作用，其难忘性、充满活力以及神秘性等特质，与本能对人的生存的原始重要性相类似。象征的物质成分使意识处于运动状态，意识受到象征的激发而把兴趣指向象征，并力求去理解它。象征，除了作为“能量转换者”的动力学作用之外，也是“意识塑造者”，它迫使心理同化（吸收）象征中所包含的一种或多种无意识内容。这种同化作用，在意识形成观点和概念时达到顶峰。我们研究的真正对象是原型象征性的自我表现，它以人为中介，并通过有时无意识而有时有意识地塑造出来的各种意象和我们对话。

荣格在《人类及其象征》中如此定义意象：“我所指的意象，并不意指那种对外在客体的心理反映，而是来自诗学运用中的一个概念，即幻想的形象或幻想-意象（phantasy-image），它仅仅间接地涉及对外在客体的知觉。这种意象更多地依赖于无意识的幻想活动，作为其活动产品，它或许有时以梦幻或幻觉的方式，出其不意地出现于意识中，但并不具有那种出现在临床治疗中的病理学特征。当意象具有古代的和集体的特征时，它便是来自集体无意识的，否则，它就是表达个人无意识的内容。而那些总是集体的、共同的，带有古代特征的意象，我称之为集体无意识原型。而这些原型内容，总是以意象的方式浮现出来。”

意象与象征密切相关，而在此问题上，荣格和弗洛伊德的看法大相径庭。弗洛伊德开启了心理治疗的实证研究，他通过意象来探索无意识、治疗心理疾病，他放弃了布洛伊尔在催眠状态下所做的“谈疗法”与“宣泄法”，而改用自由联想技术。弗洛伊德让病人闭着眼睛躺在躺椅上，他坐在病人头部前方，把手放在病人的额头上或双手捧着他的头说：“从我用手按压的时候你就开始想，当我的手松开时你的脑海中会出现一些意象。你要跟随这些意象，那就是我们要寻找的东西……”他通过浮现的意象来探知被压抑在病人无意识之中久远的、被遗忘的记忆。他认为，心理疾病的症结就在被压抑的无意识中。对于梦中意象的解释，弗洛伊德认为，梦是无意识愿望的实现，是被压抑的本我力比多能量乔装打扮之后的呈现，破解梦的伪装后，在这“显梦”之下便是“隐梦”的真实本意，是性本能力比多的真面目。于是，释梦便成为弗洛伊德精神分析的另一种疗法。不仅如此，他认为艺术创作与做梦及白日梦的心理机制相同，都是性本能的转化或升华，是无意识愿望在想象中的满足。可见，弗洛伊德用性本能力比多的升华来解释所有诸如幻想、联想、梦境、艺术之中意象的涵义，这种逻辑是还原论取向的，是将所有意象活动追溯为性本能的表现。于是，对这些现象的解释便是“符号化”的解读，即将意象之形解读为性本能之意。

而荣格对象征意象的理解则与弗洛伊德不同。荣格对无意识的体验与领悟萌芽于自小的性格和气质，从其自传《荣格自传：回忆·梦·思考》中的描述来看，荣格从小性格内向而孤僻，他把木头雕刻的小人藏在盒子里，再藏在阁楼上，偷偷与小木偶对话，他还经常坐在大石头上，竟不知自己是石头抑或石头是自己。1913年，他与弗洛伊德分道扬镳，选择了自己的理论思路，但伴随这个选择的是巨大痛苦——联结的分裂，前路的茫然。荣格不知所措，他想，既然不知道做什么，就随心所欲吧。这时，他的脑海中浮现的是童年生活，是游戏。于是他不断地玩建筑游戏，很多幻象（fantasies）便越发如流水般涌现，他也越发能感觉到那些幻象，并且逐渐发现，这些幻象好像能将他的恐惧和其他能量强大的情绪人格化，而当他试图把情绪、情感“翻译为”意象时，他变得内向而确定。于是他明白了，他的任务就是去发现那些隐藏在情绪、情感背后的意象。而事实上，正是这种亲身与无意识意象打交道的体验，使他“巧遇了”积极想象，这种释放大量能量和进行活跃洞察的无意识过程，令他有了新的方向，最终重塑了他的人生。荣格还绘制了精美绝伦、神秘莫测的曼陀罗，在《红书》里我们可以领会他当时的情感与精神。所有这些意象性的工作都为荣格打开了心门，这是他从自己的切身感受中探索出的法门，后来他将这些方法用于临床心理治疗。

弗洛伊德对意象的解读其实已被归结为“读出符号”了，而荣格的逻辑是目的论取向的，他认为无意识活动是有目的地使心灵趋于平衡而发生的。因此，解释意象之意的前提不是预设好类似于性本能这样的解读依据，而是从意象及象征本身探索其目的与意义。心灵具有真实性，谓之“心理真实性”，而意象是这些真实存在之心理内容的赋形，否则，无形、无色、无声、无味之心理内容就难以被感知、被触及、被干预。

“当一个词、一个意象蕴含某种比其明晰、直接的意义更多的蕴意时，那么，它就是象征性的词、意象。它具有一种更为阔大的‘无意识’体，人们永远无法确切对其加以界定、加以圆满的解释。”（荣格《人类及其象征》）所谓象征，是指言语、名称甚至是图画，它们在日常生活中广为人知，但除了其约定俗成的意义及明晰易辨的意义之外，它们还具有种种特定的涵义。在这类言语、名称、图画之中，蕴含某种模糊不清、不可确知或避讳我们的隐秘意义。荣格强调，一种代表已知事物的表现形式只是符号罢了，而绝不是象征。象征的作用是“借助于与某种东西的相似，力图阐明和揭示某种完全属于未知领域的东西，或者某种尚在形成过程中的东西”。无意识的任何内容都可以以象征性的意象浮现，于是，意象便成了负载无意识投射或者说赋形无意识内容的载体。英语词典中，象征一词也有多种意义，其中之一是“以有形喻无形”，“将抽象的感觉诉诸感性，将真正的生活化为有意义的意象”。可见，意象是具有象征意义的“形象”，而象征则是意象所要传达的无意识的意义。

（三）沙盘游戏与中国文化

卡尔夫自幼学习汉语，少年时期即萌发对东方文化尤其是道家哲学的兴趣，一生都致力于东西方心理学的整合，尤其是在其沙盘游戏疗法的实践中，发挥东方哲学的意义和作用。周敦颐的太极哲学、《易经》的心理学思想、阴阳五行的理论等，都被卡尔夫有效地融入沙盘游戏疗法的体系。同时，我们还可以看到藏传佛教以及日本禅宗对卡尔夫及其思想发展的影响。

1 卡尔夫与周敦颐的太极图

在中国诸多思想家和哲学家中，卡尔夫对周敦颐情有独钟。她在《沙盘游戏：治愈心灵的途径》一书中，把周敦颐的太极图及其哲学作为沙盘游戏治疗的重要理论基础，并且阐述与运用了其中新儒学的综合性哲学思想。

卡尔夫说："在我研究中国思想的时候，遇到了（周敦颐的）太极图。在我看来，这与我关于沙盘游戏治疗的思想是相互应和的……"①卡尔夫也曾十分自信地说："太极图的这些意象告诉我们，在悠久的文化传统中，我们可以从个体的发展模式中，看到我们生命的物质与心理律动。因而我认为，我们对儿童和成人的所有心理治疗，都应该很好地参考这一观点。"②

周敦颐（1017—1073），字茂叔，号濂溪，道州营道（今湖南省道县）人。他曾是程颐和程颢的老师，宋代理学的开创者。黄宗羲在其《宋元学案》中写道："孔孟而后，汉儒止有传经之学，性道微言之绝久矣。元公崛起，二程嗣之……若论阐发心性义理之精微，端数元公之破暗也。"实际上，更有学者将其置于孔子和孟子之列："今周子启程氏兄弟以不传之妙，一回万古之光明，如日丽天；将为百世之利泽，如水行地。其功盖在孔孟之间矣。"（胡宏《通书序略》）足见其影响深远。

周敦颐尽管有如此声誉，但著述不多，流传下来的仅《太极图说》

---

① D. KALFF. Sandplay：a psychotherapeutic approach to the psyche［M］. Boston：Sigo Press，1980：33～37.

② 同①，37.

（249字），《通书》（2832字），以及不多的诗文、书简、题记等（3143字）。据梁绍在其《周敦颐评传》中的统计，加上太极图标注24字，共6248字。这些著述经过朱熹等人的整理和发展，形成了庞大的思想体系，奠立了宋代理学的根基。

周敦颐自幼爱读书，志趣高远，博学力行，甚具古人之风。他一生恬淡无为，超脱而自然，黄庭坚曾在其《濂溪诗序》中这样描述他："人品甚高，胸怀洒落，如光风霁月，廉于取名而锐于求志，薄于徼福而厚于得民。菲于献身而燕及茕嫠，陋于希世而尚友千古。"苏轼也曾写诗称赞："世俗眩名实，至人疑有无。怒移水中蟹，爱及屋上乌。坐令此溪水，名与先生俱。"

《太极图说》是周敦颐留下的最重要的哲学论著，开宋代理学之先河，影响广泛而深远。这不仅仅是由于扑朔迷离、奥妙无穷的太极图，也是由于注解与阐释太极图的精妙文论。

"无极而太极。太极动而生阳，动极而静，静而生阴。静极复动。一动一静，互为其根；分阴分阳，两仪立焉。阳变阴合而生水火木金土，五气顺布，四时行焉。五行，一阴阳也；阴阳，一太极也。太极本无极也。五行之生也，各一其性。无极之真，二五之精，妙合而凝。乾道成男，坤道成女。二气交感，化生万物，万物生生而变化无穷焉。"这便是周敦颐《太极图说》的精妙论述。卡尔夫将其与荣格和诺伊曼的自性发展理论结合起来，构建起她自己的儿童心理发展观。

卡尔夫是按照周敦颐的太极图的顺序来阐释太极图在心理学中意义的。她说，周敦颐太极图的"第一个象征无极的圆圈，好比出生时的自我；其次是阴阳运作而产生五行的圆圈，这正蕴含了自我的表现过程，包含了形成意识自我与人格发展的心理能量；太极图的第三个圆圈，可以比作自性化过程（individuation）的开始；而太极图的第四个圆圈，正反映了心理分析中的转化（transformation），一种生命的周而复始的象征”[1]。太极八卦和阴阳五行，一直是卡尔夫所追求的沙盘游戏治疗的本质性内涵，以及其作为方法技术的内在核心结构。

自我的产生、意识自我与人格的发展、自性化的出现与进程，以及转化和自性化的实现，正是荣格分析心理学以及沙盘游戏治疗与治愈的关键。实际上，荣格本人对《易经》以及周敦颐的哲学思想都进行过深入的研究，也在其分析心理学的理论和实践中充分融入了这些哲学思想。

❷ 卡尔夫与《易经》

卡尔夫在其《沙盘游戏：治愈心灵的途径》末尾部分，阐述了《易经》“坎卦”的意义。坎上坎下，其象为水。其卦辞曰：“习坎，有孚，维心亨，行有尚。”彖辞有“……水流而不盈，行险而不失其信。‘维心亨’，乃以刚中也”的阐释。卡尔夫认为这坎中之水，正是心灵发展进程的最好比喻。她曾这样表达自己的理解：“当我们能够获得如此的体验，获得内心的和谐之后，我们就能够谈论恩赐和完美。”

在沙盘游戏中，包含着“天时”“地利”与“人和”的象征。沙粒中浓缩百万年的时光，正如“沙漏”象征时间的流动。沙盘所呈现的空间如同大地，山川河流尽显其中。而当“游戏”使其生动的时候，正是在这天地之间所表现的人及其心理的意义。

“天”“地”“人”及其变化，也正是《易经》的内涵。当我们踏上北京故宫太和殿台阶的时候，最先看到的便是右面的“日晷”和左边的“嘉量”，它们同样是乾坤的象征，以及乾坤之中人的意义的体现。乾卦之自强不息，坤卦之厚德载物，以及咸卦之无心之感，正是沙盘游戏中最

---

① D. KALFF. Sandplay：a psychotherapeutic approach to the psyche［M］. Boston：Sigo Press，1980：33～37.

重要的寓意与内涵。

《易经》中包含中国文化的精神与心灵，融会几千年来中国伟大智者们的智慧，历久而弥新，至今仍然对理解它的人，展现无穷的意义和无限的启迪。这是荣格对《易经》的理解，以及他对《易经》情感的表达。荣格说："任何一个像我这样，生而有幸能够与维尔海姆，与《易经》的预见性力量做直接精神交流的人，都不能够忽视这样一个事实，在这里我们已经接触到了一个'阿基米德点'，而这一'阿基米德点'，足以动摇我们西方对心理态度的基础。"这个"阿基米德点"，是荣格对《易经》的理解和接受，也正是荣格心理学发展的关键所在。

卡尔夫采用周敦颐的太极图思想，将太极、两仪、四象和八卦，配合阴阳五行之运作，作为沙盘游戏治疗的最重要的理论基础和操作原则。

二、沙盘游戏在中国的发展

（一）沙盘游戏的落地生根

卡尔夫建立的沙盘游戏疗法是荣格分析心理学的一种发展。国际分析心理学会于1994年对中国的正式访问，开启了沙盘游戏疗法在中国的发展。

1994年，与国际分析心理学会主席托马斯·科茨（Tomas Kirsch）和国际分析心理学会名誉秘书长默瑞·斯坦（Murray Stein）一起前来访问的琼·科茨（Jean Kirsch）便是著名的沙盘游戏治疗师，而简·斯坦（Jane Stein）则既精通沙盘游戏，也是艺术治疗的资深学者。

1995年，申荷永前往瑞士苏黎世参加第13届国际分析心理学大会，参观了美国沙盘游戏治疗学会（STA）主席哈里特·弗里德曼（Harriet Friedman）关于沙盘游戏治疗的工作坊，实地参观了瑞士沙盘游戏治疗师的工作室，带回了有关专业资料和书籍，开始了沙盘游戏疗法的系统研究和学习。

1996—1997年，申荷永在美国继续荣格心理分析与沙盘游戏疗法的学习和研究。1998年，受国际分析心理学会的委托，申荷永组织了第一届“心理分析与中国文化国际论坛”。一些国际著名的荣格心理分析师和沙盘游戏治疗师与会，在广州和肇庆进行了为期5天的专业研讨与学术交流。值得一提的是，从这第一届论坛开始到2018年的二十年间，缘着那份热爱、责任与执着，“心理分析与中国文化国际论坛”共举办了八届。

1996—1998年，可以说是沙盘游戏的种子散落在中国土地上的时期。一些国外沙盘游戏治疗师和日本箱庭疗法学者于1996年陆续到国内做有关介绍与讲座；山西大学心理学教授范红霞于1997年在《中国临床心理学杂志》上撰文介绍“沙盘游戏疗法”，并探讨其在中国发展的意义；北京师范大学发展心理研究院的张日昇教授，在赴日学习期间接触到沙盘游戏疗法，于1998年在《心理科学》撰文介绍日本箱庭疗法。

2002年，在第二届“心理分析与中国文化国际论坛”期间，美国沙盘游戏治疗学会主席哈里特·弗里德曼、国际沙盘游戏治疗学会副主席瑞·米切尔（Rie Mitchell）、国际沙盘游戏治疗学会秘书长伊娃·帕蒂丝·肇嘉（Eva Pattis Zoja）等，受论坛主席申荷永的邀请前来进行沙盘游戏疗法的专业培训。

2003年，申荷永和高岚受邀参加了在美国西雅图举行的第17届国际沙盘游戏治疗大会，并作了“沙盘游戏治疗与中国文化，卡尔夫与《易经》，《易经》与沙盘游戏”的大会报告。会议期间，国际沙盘游戏治疗学会专门召开了“沙盘游戏在中国”的特别会议，由茹思·安曼主持，商议制订了沙盘游戏疗法在中国发展的正式计划。

（二）沙盘游戏在中国：成长总是风雨兼程

按照发展计划的思想，在国际分析心理学会和国际沙盘游戏治疗学会的支持下，由广东东方心理分析研究院组织，茹思·安曼、哈里特·弗里德曼、瑞·米切尔、伊娃·帕蒂丝·肇嘉、乔西·考宁汉（Joyce Cunningham）和鲁伊基·肇嘉（Luigi Zoja）等，每年都会来到中国进行心理分析与沙盘游戏的专业培训。2005年，在意大利罗马举办的第18届国际沙盘游戏治疗大会期间，国际沙盘游戏治疗学会副主席瑞·米切尔介绍了沙盘游戏治疗在中国的发展，高岚作了“沙盘游戏治疗在中国”的大会报告，申荷永向国际沙盘游戏治疗学会理事会作了沙盘游戏在中国及其发展的特别报告。

2006年，国际分析心理学会与国际沙盘游戏治疗学会共同参与了第三届“心理分析与中国文化国际论坛”的组织与策划。国际分析心理学会前后四任主席克里斯琴·盖亚尔（Christian Gaillard）、默瑞·斯坦、鲁伊基·肇嘉和乔·凯布雷（Joe Cambray），国际沙盘游戏治疗学会主席茹思·安曼以及200余位学者与会。大会以“灵性：伦理与智慧”为主题，探索心理分析与沙盘游戏在治愈心灵自性化发展的作用和路径。

2006年在北京大学举办的第一届“中国荣格学术周”和2008年在复旦大学举办的第二届“中国荣格学术周”，都把心理分析与沙盘游戏作为主要的专业培训内容。

2009年，第四届“心理分析与中国文化国际论坛”在复旦大学召开，瑞·米切尔、哈里特·弗里德曼、茹思·安曼、伊娃·帕蒂丝·肇嘉等国际著名沙盘游戏治疗师，来自世界各地的心理分析师和有关学者一同与会，心理分析与沙盘游戏仍然是大会最吸引人的内容。

茹思·安曼在写给论坛的信函中说：“国际沙盘游戏治疗学会为拥有申荷永和高岚这两位在中国如此杰出的沙盘游戏治疗代表而感到骄傲……感谢申荷永教授为国际沙盘游戏治疗学会和沙盘游戏治疗所作出的努力和贡献。”

2011年5月，第三届“全国心理分析与沙盘游戏大会”在四川成都举行，大会主题为“心灵花园与沙盘游戏，治疗与治愈，创造与发展”。广东东方心理分析研究院与国际沙盘游戏治疗学会秘书长伊娃·帕蒂丝·肇嘉共同发起了成立“国际沙游工作协会”（IASW）的动议，尝试将心灵花园的工作模式做国际性推广。

为了推动沙盘游戏疗法在中国的发展，早在2009年，华人心理分析联合会与广东东方心理分析研究中心就共同组织策划了“心灵花园：沙盘游戏与艺术心理治疗丛书”，申荷永任丛书主编，凯·布莱德温（Kay Bradway）、茹思·安曼、伊娃·帕蒂丝·肇嘉、哈里特·弗里德曼等为丛书顾问，梁信惠、高岚、芭芭拉·图纳（Babara Tuner）、乔西·考宁汉等为编委会成员。入选的沙盘游戏治疗专著包括卡尔夫的《沙盘游戏：治愈心灵的途径》、瑞·米切尔和哈里特·弗里德曼所著的《沙盘游戏：过去、现在和未来》、茹思·安曼和伊娃·帕蒂丝·肇嘉主编的《沙盘游戏与心理疾病的治疗》等，涵盖了目前国际沙盘游戏领域的经典和主要代表著作。2011年后，“心灵花园：沙盘游戏与艺术心理治疗丛书”又新增加了茹思·安曼所著的《沙盘游戏中的治愈与转化：创造过程的呈现》、高岚和申荷永所著的《沙盘游戏疗法》、申荷永所著的《荣格与分析心理学》、山中康裕所著的《表达性心理治疗：徘徊于心灵和精神之间》、瑞·米切尔和哈里特·弗里德曼主编的《沙盘游戏治疗的督导》、戴维·罗森所著的《转化抑郁：用创造力治愈心灵》等册。

2012年，第五届“心理分析与中国文化国际论坛”在澳门大学举办，论坛主题是“梦，心灵的象征语言，自然与文化”。论坛组织了会前工作坊，以培养新一批具有国际资质的中国沙盘游戏分析师为目的，建立了有30人参与的沙盘游戏督导小组。

2012年5月，第四届“全国心理分析与沙盘游戏大会”在广东广州举行，大会以“沙盘游戏的现在与未来，伦理与规范”为主题，高度结合临床经验和现实实践，探索当下，展望未来，这标志着中国沙盘游戏治疗标准初步形成。大会期间，国际沙盘游戏治疗学会副主席瑞·米切尔在广州开展了督导工作，为国内沙盘游戏咨询师的培养提供了强有力的支持。

2013年10月，第六届“心理分析与中国文化国际论坛”在青岛举办，论坛主题是“《易经》与心理分析，荣格与卫礼贤”。论坛特别组织为期两天的《易经》与心理分析圆桌研讨会，以及为期三天的有关荣格《红书》、积极想象和沙盘游戏的大会研讨。国际沙盘游戏治疗学会专门安排了对中国沙盘游戏候选分析师的专业考核，推动沙盘游戏在中国的专业发展。

2014年3月，第六届“全国心理分析与沙盘游戏大会”在浙江杭州举行，大会主题是“治愈与转化：沙盘游戏的本质与治愈因素”。资深沙盘游戏治疗师、国际沙盘游戏治疗学会前主席茹思·安曼前来参加，并开展了为期三天的督导工作，其专业性与严谨性给参与督导的沙盘游戏分析师留下了极其深刻的印象。

2015年和2017年，连续两届（第七届和第八届）“全国心理分析与沙盘游戏大会”分别在澳门和广东广州举行。在第八届大会上，茹思·安曼受邀作了主题演讲，和与会者分享了其回顾沙盘游戏历程的独特见解。大会不仅为沙盘游戏学习者提供了提升专业水平的平台，更促进了圈内研讨、交流风气的形成。

2017年11月，在国际分析心理学会以及国际沙盘游戏治疗学会的支持下，广东省心理分析研究会沙盘游戏治疗专业委员会（简称“专委会”）于广州正式挂牌成立。由申荷永担任会长，国际沙盘游戏治疗学会主席亚历山大·艾斯特怀森（Alexander Esterhuyzen）担任名誉会长，国际沙盘游戏治疗学会常务理事贝蒂·杰克逊（Betty Jackson）和茹思·安曼等多位国际分析心理学会、国际沙盘游戏治疗学会的著名心理分析师和沙盘游戏治疗师担任专委会顾问，具有国际分析心理学会、国际沙盘游戏治疗学会专业资质的中国心理分析师和沙盘游戏治疗师担任专委会常务理事。成立专委会的主要目的是加大对国内沙盘游戏发展的支持力度，推动国内沙盘游戏专业资质认证体系的建立，提升行业发展的规范性与专业水准。就专委会的成立，申荷永、亚历山大·艾斯特怀森和贝蒂·杰克逊三人接受了中国日报社广东记者站记者的采访。

2018年，第八届“心理分析与中国文化国际论坛”在西安长安大学如期召开，论坛主题为“觉悟与自性化：东方与西方”。论坛聚集国际资深心理分析师和汉学家，中国文化学者与实践者，国际分析心理学会与国际沙盘游戏治疗学会主要负责人（主席、副主席与秘书长）及百余位国际资深心理分析师，共有近千名与会者，来自20余个不同的国家与地区。第九届“全国心理分析与沙盘游戏大会”也于同期举办，国际沙盘游戏治疗学会创立成员之一的山中康裕、美国沙盘游戏治疗学会创始会员之一的劳伦·坎宁安（Lauren Cunningham）、旧金山荣格学院临床督导玛丽亚·奇亚（Maria Chiaia）等开展了沙盘游戏系列工作坊。

经历逾20年的努力，2019年9月7日，国际沙盘游戏治疗学会主席亚历山大·艾斯特怀森在德国柏林第25届国际沙盘游戏治疗大会上宣布：国际沙盘游戏治疗学会中国学会正式成立。至此，沙盘游戏在中国的发展开启了一个新的篇章。所谓“路漫漫其修远兮”，中国沙盘游戏的工作者们将一起“上下而求索”。

（三）洗心岛与中国沙盘游戏

在广州北郊龙洞凤凰山的幽深处，有宁静怡人的天麓湖。天麓湖汇集自然山泉，形成了一个天然的湖心岛，那就是华人心理分析联合会和广东东方心理分析研究院的所在地洗心岛。

“洗心岛”之名源自《易经》。申荷永当初与友人来到此处，见氤氲交融之山泽气象，竹林环绕的松莲意境，于是撰写了这样一副对联：洁静精微以洗心，退藏于密以咸脢。《易经·系辞》中称易“能说诸心，能研诸侯之虑”。《易经·说卦传》释坎时说“坎为水，为隐伏……其与人也为加忧，为心病……”那么，在我们看来，这流传千古之《易经》，本身便包含了医治心病、治愈心灵之“心药”，包含人性所能达到的心灵境界。

第三届“心理分析与中国文化国际论坛”便在洗心岛畔召开，来自世界各地的心理分析师和沙盘游戏治疗师、关注心理分析与中国文化事业发展的学者们于此聚会，如切如磋，如琢如磨，极深而研几，探索治愈心灵的途径和自性化的道路。既吸纳了凤凰山和天麓湖氤氲交融、山泽与天地一色的灵气，也把源于五湖四海的智慧留驻于此，留给了美丽的洗心岛。

“美在其中，而畅于四支，发于事业，美之至也。”这里是美丽的心理分析学苑，也被称为中国沙盘游戏治疗师的摇篮。

国际分析心理学会和国际沙盘游戏治疗学会的数任主席，以及诸多资深的心理分析师和沙盘游戏治疗师，都曾前来洗心岛传授经验，交流心得，共同探索治愈心灵的途径。

当被问及如何做好心理分析和沙盘游戏治疗，在心理分析和沙盘游戏治疗的过程中主要的治愈因素是什么的时候，时任国际分析心理学会主席的默瑞·斯坦回答说：“治愈的因素源于一种德性的力量，正如求雨者的故事所寓意的一样。”默瑞·斯坦接着说：“身在洗心岛，更能让人感受那本来源自中国的求雨者故事的意境和神奇。这求雨者的故事中，包含荣格积极想象技术的秘密，也包含心理分析所追求的自性化的要义。”

我们也曾向托马斯·科茨和琼·科茨请教心理分析和沙盘游戏的治愈因素。托马斯·科茨回答说：“治愈的力量源于原型……你不是说‘荣格说汉字是可读的原型吗’？其中也就包含了治愈的道理。”

托马斯·科茨是国际分析心理学会前主席，曾与荣格做个人的心理分析，也与约瑟夫·汉德森（Joseph Henderson）保持了40余年的心理分析关系，在心理分析史上留下了充满传奇的篇章。对于他的回答我们心领神会，正如孟子的主张："我知言，我善养吾浩然之气……"这也正是洗心岛自然气息中的蕴涵。

托马斯·科茨和琼·科茨都是卡尔夫的好朋友。琼·科茨曾与卡尔夫一起做沙盘，并且发展了沙盘游戏疗法的技术和理论，她对治愈的回答是"爱"，她自信而坚定地说："爱能治愈。"

或许，这也正是告诉我们，如何才能够营造出沙盘游戏疗法的"自由与受保护的空间"。汉字"爱（愛）"的意象，至少包含了五种要素：诚信或信服、保护或陪伴、滋养与守护、友谊和支持、正心和真诚。这也是对琼·科茨所强调的"爱能治愈"的自然注解。

托马斯·科茨的母亲希尔德·科茨（Hilde Kirsch）把卡尔夫的沙盘游戏疗法奠基著作《沙盘游戏：治愈心灵的游戏》翻译成了英文，并且突出表达了对沙盘游戏作为心灵镜子的理解。托马斯·科茨在撰写《荣格心理分析史》的时候，也特意将沙盘游戏疗法列为其中一章。

凯·布莱德温是我们的沙盘游戏老师，也是国际沙盘游戏治疗学会主要奠基者，当我们问她有关沙盘游戏治疗的治愈因素时，她回答说："共情，一种包含了移情和反移情的共同移情……"

1907年，荣格从苏黎世前往维也纳与弗洛伊德进行第一次会面，两人一口气畅谈了13个小时。其间，弗洛伊德问荣格："你怎样看待移情？"荣格回答："我们的心理分析自始至终都必然涉及移情，这是其中的关键所在。"听到荣格的回答，弗洛伊德感叹不已，深情地表示："你已经把握了精神分析的精髓。"

对于凯·布莱德温所说的"共情"，我们既将其理解为包含了移情和反移情的共同移情，也将其融会于曾被翻译为"神入"的"empathy"，这也正是我们从凯·布莱德温的言传身教中所领会的内容。

国际沙盘游戏治疗学会前主席茹思·安曼多次在洗心岛进行心理分析与沙盘游戏专业培训，当被问及沙盘游戏治疗的治愈因素的时候，她的回答是“共鸣”。茹思·安曼认为，沙盘游戏过程中的许多元素，如声音、色彩、沙具和工作气氛，以及大自然和工作环境中的许多内容，都与“共鸣”有关。俄尔普斯（Orpheus）用其音乐挪动石头，便是因他能将自己内心的振动传达给石头的“心”。去移动来访者内心深处的石头，感动人类的心灵，正是沙盘游戏治疗的奇迹所在。

哈里特·弗里德曼和瑞·米切尔也多次前来洗心岛进行心理分析与沙盘游戏专业培训，两人合作默契，教学培训充满智慧。

瑞·米切尔将沙盘游戏的治愈因素比喻为“炼金术”，即从原始物质中发现金子的过程，这也正是我们常说的沙盘游戏之“沙里淘金”的过程。一粒沙一世界，其中所充满的正是那种炼金术所称的原始物质。得之于心，应之于手，沙盘中亦有披沙拣金的效应，那便是来访者心性的带刺和心灵治愈的收获。

从2002年起，国际分析心理学会前主席鲁伊基·肇嘉和国际沙盘游戏治疗学会秘书长伊娃·帕蒂丝·肇嘉每年都来洗心岛进行心理分析与沙盘游戏专业培训。当提及心理分析和沙盘游戏治疗的治愈因素时，鲁伊基·肇嘉说：“我认为，最重要的因素是自性化……”对此，伊娃·帕蒂丝·肇嘉也表示赞同。治愈是个体发展的需要，每个来访者内心深处的需要，也是我们沙盘游戏治疗的基本目的。

同样的问题，我们还请教过许多资深的心理分析师和沙盘游戏治疗师，包括约翰·比贝（John Beebe）、阿道夫·古根包尔·克雷格（Adolf Guggenbühl-Craig）、罗伯特·伯尼克（Robert Bosnak）、马里奥·雅各比（Mario Jacoby）、路易·乌科西尼克（Louis Vuksinick），以及日本箱庭疗法学者河合隼雄、樋口和彦、山中康裕。我们得到的答案总是不同的，虽然看似遗憾，但这也正是我们的幸运所在，心灵的治愈需要心灵的探索，需要我们每个人持续不断地努力。

2006年9月，国际分析心理学会和国际沙盘游戏治疗学会在广州天麓湖洗心岛共同举行了一次特别高峰会议，参加人员有国际沙盘游戏治疗学会主席茹思·安曼、秘书长伊娃·帕蒂丝·肇嘉，国际分析心理学会主席克里斯琴·盖亚尔、秘书长乔·凯布雷，国际分析心理学会/国际沙盘游戏治疗学会中国发展组织负责人申荷永，等等。此次会议达成了一项重要决议，即国际分析心理学会正式将沙盘游戏治疗列为分析心理学的应用分支，这对分析心理学和沙盘游戏在21世纪的发展至关重要。

此次会议重申与强调了荣格分析心理学作为沙盘游戏治疗技术的基础，以及国际分析心理学会和国际沙盘游戏治疗学会共同致力于在中国的整合性发展，洗心岛也因此被写进了荣格心理分析和沙盘游戏治疗的历史。

三、沙盘游戏在中国的实践

（一）全国第一个心灵花园沙盘游戏室的建立

十五年前的那个春天，我初到福利机构工作，每次在路上遇到福利机构的孩子们，我都会非常喜悦地跟他们打招呼说“早上好”，然而孩子们却挥挥手，齐声说“bye bye”。这让我很纳闷，难道福利机构的老师没有教孩子们怎样打招呼吗？后来经过观察和了解，我终于弄明白了：原来大量的社会人士前来福利机构献爱心的时候，都要到孩子们学习、生活的地方去参观，或者和孩子们进行短暂的互动，但有时孩子们还来不及分辨他们的面容，甚至来不及说完“叔叔、阿姨好”，就要挥手说“再见”了。

在福利机构，孩子们每天看到的都是匆匆而来，又匆匆而去的人。久而久之，孩子们只要一见到别人打招呼，就会机械地说“bye bye”。负责心理健康教育工作的我，每次听到孩子们热烈地说“bye bye”时，内心就会受到鞭打。我一次次问自己：我可以做些什么呢？

他们每天在福利机构里面对的情景都似曾相识，一群人来了，又走了，每天都在被陌生的身体短暂地拥抱，他们无法分辨这些人是谁，更无法理解他们来干什么。与普通家庭的孩子不同，他们不能与任何人形成持久的情感联结，不能与任何人维持亲密的关系。而对于孩子来说，在生命早期成长中最需要的就是与人建立稳定的依恋关系。

为了重塑孩子们健康的情感依恋，使他们维持与某个特定对象的亲密关系，经过多方协调，我策划开展了“同行有你”志愿服务项目，设立数量合适的志愿服务岗位，招募优秀的志愿者，并提出凡是到福利机构做志愿者，必须定时、定点、定人，并至少连续服务半年。最终将福利机构零散的志愿服务汇聚成专项服务，组建了一支适应福利机构儿童心灵成长需要的志愿者队伍，改变了以往福利机构被动接受志愿服务的局面。心灵花园沙盘游戏辅导就是其中最重要的一项志愿服务。

当时，我与申荷永、高岚两位教授取得联系，看看能否发挥专业的力量为福利机构的孩子们在心理支持方面做点力所能及的事情。两位教授欣然应允，当即倡导并发起心灵花园公益项目，在与心理分析专业团队经过精心的筹备后，于2007年3月正式在广州市社会福利院建立了全国福利机构第一间心灵花园沙盘游戏室，帮助机构困境儿童修复早期创伤，重建内心秩序，更好地促进福利机构困境儿童和青少年身心健康发展，适应、融入社会。

我们在做前期评估时发现，无论孩子残障的状态是怎样的，作为一个生命，其自我的成长仍然是关键。例如，面对一个患有脑瘫的孩子，作为心理学专业的人，我们没有办法改变他脑瘫这个疾病本身的状态，但是孩子仍然需要有自己的生活，那么我们可以尝试看看做一些怎样的工作，以及用什么方式来工作，以帮助孩子拥有自己的生活。从那时候开始，我们就把一些表达性心理治疗的方式运用到了心灵花园公益项目里，包括绘画、唱游律动和沙盘游戏。

后来，我们感觉到，孩子们用语言表达出来的东西非常有限，尤其是自身表达能力差的孩子。毕竟，在福利机构里，残障孩子的比例更大。当一个生命承受灾难，甚至被自己的父母抛弃的时候，他的生命依然是需要被“看见”的。一旦我们开始服务，就会持续地进行工作。最初，我们主要采用沙盘游戏技术开展个案工作，建立儿童心理档案，实行前测、后测对比，结合生活中的重要事件，做好应激、分离、社会化等工作。将专业理论与实践相结合，逐渐建立并完善了心灵花园机构困境儿童心理援助模式，包括以下三个方面：首先是建立有效的关系，与工作对象建立关系，对此采用“身心共鸣”“意象体验”“感应心法”等专业技术，来建立“容纳”“共情”“自由与受保护的空间”，从而实现有效关系的建立；其次是运用表达象征的“五行模式”，包含沙盘游戏治疗、意象体现（梦的工作）、音乐主题统觉、绘画叙事表达和原型心理剧，将这五种主要技术整合为自然的“五行模式”，注重守护与陪伴、抱持与主动倾听，用创造转化创伤；最后，强化上述两个方面的工作，以心理重建和关爱为基础，强调以心为本，追求生活与存在的意义，将心理援助与心理辅导、治疗和治愈以及心性发展，乃至心灵的转化结合起来，采用积极的心理辅导方式，强调来访者的内在主动性，用创造转化创伤，从治疗转向治愈。

心灵花园公益项目在福利机构的心理援助工作，不仅仅是一般意义上的心理援助和志愿者行动，更是与文化原型和文化心灵的实际接触。在付出的同时，也有无限收获，我们从中获得了恩宠与勇气、慈悲和滋养，以及文化心灵所特有的复原力。在这种感受和体验中，借助文化原型，提炼出适合心理分析与中国文化的方法，并将其付诸实践。这种方法与实践，既适用于心理分析与沙盘游戏治疗、心理分析与意象体验技术，也适用于常规的心理咨询、心理治疗和深度心理分析。

（二）心理分析与沙盘游戏在心灵花园志愿服务工作中的应用

“几年前英国人类学会主席问我，为什么中国这样一个拥有高度智慧的民族却没有科学上的成就？我认为这一定是一种视觉错误，因为中国人的确有一种科学，它将《易经》视为标准和经典，只不过这种科学的原理与我们的不同罢了。对于《易经》而言，它并非遵循严格的因果原则，而是我曾经试图命名的simplicity principle，即共时性原理。”[①]

——卡尔·古斯塔夫·荣格

如前所述，沙盘游戏疗法是一种以荣格分析心理学原理为基础，由多拉·卡尔夫发展创立的心理治疗方法。对于我们中国人而言，荣格分析心理学非常特殊，因为在过去100多年间发展起来的，我们目前所熟悉的心理咨询临床技术与方法大多来自西方，同时西方的临床心理学传统以“治疗”（therapy）为主，统称为“心理治疗”。荣格分析心理学是其中非常特殊的，是仅有的以中国文化为基础的心理学，心灵花园公益项目则在此基础上，重视“治愈”与“转化”的意义和作用，发挥心理分析与中国文化的内涵与意义。

在心灵花园公益项目中，我们为机构困境儿童提供心理辅导服务时主要应用的方法与技术——心理分析和沙盘游戏，是以根植于中国文化的荣格分析心理学为理论基础的。我们相信运用这一更接近我们文化根基的方法与技术，胜于简单地模仿或嫁接西方的方法和技术。

在心理分析理论框架下，沙盘游戏的效用特征体现了中国哲学中的共时性。共时性如本小节最开始引用的荣格著述所称，并非遵循严格的因果原则，在儿童的心理发展变化中即表现为这种发展变化并不是简单的因果式，它没有清晰的线性关系可循。逐渐地，或说最终，我们能够识别出孩子一定程度上的改变，但不一定能清楚看出他是如何一步步朝着自己所期待的方向发展的。因此，在开展沙盘游戏工作的过程中，我们会发现，孩

① 译自《荣格全集》（*Colleted Works of C.G.Jung*）第15卷（Volume 15：The Spirit in Man，Art，and Literature）.

子们改变了，但他们的变化并非像上楼梯一样，我们无法直观、明了地看出孩子们正处于哪一级台阶，或者正处于哪个变化阶段。但我们可以将这些变化视为孩子们内在力量的聚集：即便我们暂时看不到，也能够觉察与守护；如果我们的抱持能力足够强大，即使我们不知道这种力量将在哪一天出现，也能够促使它为现实生活中缺乏援助的孩子提供支撑。

游戏本身与儿童的天性是紧密相连的，通过结合儿童自发的玩耍天性，沙盘游戏独特的设置能够有效地让儿童与自身、他人和世界建立连接。而沙盘游戏作为一种媒介或一个容器，加上沙盘游戏工作者的陪伴和守护，能创设出一个自由与受保护的空间，使在其中游戏的孩子能够感受到情感的抱持及爱的亲近感、接纳感。在自由与受保护的空间中，沙盘游戏能为孩子提供象征性的表达方式及消化情绪的渠道。

机构困境儿童普遍缺乏情感支持与爱，他们的情绪里有着深刻的对爱的缺失的恐惧，以及面对生命的无助感、脆弱感。这些影响着他们的成长与发展，使得他们不能充分表达自我。游戏是儿童的天性，是儿童与自身、他人、世界建立连接的重要方式。在沙盘游戏工作中，儿童可以用象征性的方式表达喜悦、害怕、恐惧等情绪，跟内在的焦虑、紧张等情绪进行连接，让这些情绪得以流动，进而缓解或减少这些情绪。情绪连接是具有治愈力量的。

2007年，在心灵花园公益项目刚启动的时候，有一个患有脑瘫的7岁儿童个案。一开始，他每次都会拿一块很重的像海豚一样的石头，他把这个当作武器去砸各种各样的小人，比如士兵。他会留意我的神情，如果他觉得我在看他，他就会边砸边说："你看，我在这样跟它们玩。"如果他没有觉得我在看他，他就会十分大力地用石头在沙盘底面摩擦。

后来，我了解到他3岁左右因为脑瘫被遗弃，他对父母、原生家庭有很多记忆。但是他的语言表达能力较弱，也没有机会进行一对一倾诉，他的情绪性的焦虑和愤怒没有办法表达。通过我们的工作，运用沙盘游戏的方式，他能够象征性地表达他的愤怒。同时，在心灵花园志愿服务工作中，我们也能看到一些令人快乐的表达。比如，有的孩子在沙盘里摆很多植物、花朵，他摆出的画面很好看。但是我们要看到，这可能呈现了另一种焦虑，这个孩子认为，只有让你看到美好的画面，让你觉得他足够好，你才会不断地看他、支持他。

沙盘游戏提供了一个难得的自由与受保护的空间，儿童可以通过象征性的方式表达他的情绪，表达他对情感与爱的需要。自由与受保护空间也可被看作抱持性空间，它的另一个作用是，让我们有机会协助孩子消化那些他们自身不能消化的情绪、情感。好比一位母亲喂孩子吃食物，当一块食物太大，或者有些烫、有些冷时，母亲会自己先尝试一下，再喂给孩子。在心灵花园志愿服务工作中，志愿者如果能够提供一个抱持性空间，那就可以协助儿童消化那些因为处于不利处境（如被遗弃）而产生的情绪。对于我们每个人来说，如果情绪被堵塞，如果我们不能自由地、流畅地表达自己，我们就很难拥有具有创造性的、积极的一面。

第三章

认识困境儿童

一、从心理环境角度认识困境儿童

心灵花园志愿服务工作所面向的群体是较为特殊的，在这里，我们讲到的心理分析与沙盘游戏专业实践是在福利机构环境下。绝大多数人对福利机构及其养育的困境儿童是没有任何了解的，然而对福利机构儿童及其所在的现实生活环境具有足够的了解，是我们专业工作的必要基础。下文先从福利机构儿童的生存困境开始讲述，其中包含了现实生活困境和心理发展困境，主要体现在以下几个方面。

（1）缺乏家庭成长环境，不知道“我是谁”

机构养育的孩子是一群住在院子里的孩子，他们不住在家里。“院”字的篆书（图2），左边的偏旁像石阶，一级一阶地爬到山顶，右边最上面有一个房顶的形状，好比到了山顶后，住在譬如庵、观、寺院等修道之所。这个相对封闭的环境，与外面的世界隔着一道围墙，里面和外面的文化形态、生活状态是不一样的。基于现实管理和安全的考虑，孩子与外界相对隔绝的状态也很难被打破。

图2　小篆体的“院”

在这里，院子的门不仅具有现实意义，同时也是心理层面、象征层面的“门”。如何走出院子的门，是院内孩子们成长过程中的重要课题之一。而在这道门内，孩子们也面临着关键的成长困境，这是与他们“家庭的缺失”密切相关的。

（2）没有父母，缺乏自我存在感和个性化发展前景

机构养育的孩子们有老师、保育员，但是没有父母，无法得到来自父母的回应和普通孩子习以为常的亲子互动，以及由父母设计与安排的个性化成长计划。他们的生活中缺乏父母的形象及榜样，他们的内在也缺乏母

亲原型的激活，常常处于不被看见、不被疼爱的状态，难以感受到亲人的温暖和自身的存在。

（3）婴幼儿时期欠缺抚触与回应，心理发展基础薄弱

福利机构中的大部分孩子在婴幼儿时期即进入机构生活，他们与在家庭中成长的孩子不同，没有办法得到期望的抚触和事事得到回应。抚触和回应不仅有助于建立依恋关系，而且能够让儿童在关键期发展出特定的技能或行为模式，形成良好的发展基础，从而使其整个生命能得到更好的发展。福利机构的养育模式是一对多，难以做到父母式的跟随，提供父母养育式的回应与抚触，这使得孩子的发展在各个阶段都会有所欠缺，引发成长中的连带反应。同时，孩子们心理健康的基础是不扎实的，有些甚至可能存在严重的心理创伤；而心理健康的问题，还有可能影响到其生理健康。

（4）欠缺私人空间，边界/人际意识形成困难

福利机构中的孩子能获得需要的生活、学习用品，但这些东西是公用的，并不属于特定的个人。这给孩子边界意识的形成带来很大的困难，他们难以建立“我”“我的”这样的边界，也就不容易区分“我的”“你的”“他们的”。他们处于有边界的人际关系中的时候，就容易遇到困难。比如，这些孩子进入学校读书时，可能会不询问同桌的意见就拿对方的橡皮来用，且不觉得这有什么不妥，因为在他们的成长过程中，大家使用学习用品是不需要询问的，但这种行为可能会被他人认为是偷窃。

（5）没有告知、没有道别，无法摆脱“我是谁”的困扰

在福利机构里，关于孩子的身世，很多时候是没有告知、没有道别、没有机会诉说的。他们眼前无父母，没有确认自我的依据。有的孩子知道父母在世，有的孩子对父母在不在世感觉非常模糊……不管是否有其父母的确切信息，他们都需要被告知，这对他们来说非常重要，因为这涉及“我是谁”“我将成长为谁”的问题，也是一个人的本源、根源和去向的问题。当我们根本不能确认自己是谁或者确认了自己被遗弃/不被需要的时

候，很难谈得上有自我的远大理想，甚至一点点成长设想也不容易有。

在被告知之外，孩子也需要能够道别，至少是诉说。只有这样，在“我是谁”“我将成长为谁”的问题上，孩子才能够更轻松一些，理出一点头绪，获得一点理解及安慰。过往的那些创伤、那些沉重，才能够慢慢被放下，或者变得更容易承受，这样孩子们即使带着创伤也能继续前行，成长为他自己。若这样的问题没有得到关注和处理，孩子会陷在低迷的生命状态中，表现得很缺乏生命力，对未来、对生活也会显得消极。

（6）没有固定的依恋关系，难以发展出良好的亲密关系基础

福利机构的工作人员并非长年稳定，再加上探视人群往往也是来了又走，很可能这次来了以后永远也不会来了……因此，孩子们很难建立固定依恋关系。心灵花园公益项目的志愿者最初进入机构和孩子们接触的时候，会感受到孩子们通常很冷漠，不愿意跟志愿者建立关系。因为孩子们害怕再次望向志愿者的时候，发现他们不在了，那么，不如不望。

尽管孩子们很难建立固定的依恋关系，但其实他们和所有孩子一样，都对关系充满着期待。同时，他们也非常需要这样的关系，即使不是长久固定的，也要是相对稳定的。固定的、良好的依恋关系，是一个人建立与他人的亲密关系的基础。而缺乏较为稳定的依恋关系，会直接影响孩子与他人的亲密关系的建立。另外，福利机构困境儿童的同伴关系也是很不稳定和非常脆弱的，这也影响着其依恋关系的良好发展。

由于各个方面的需求得不到个性化的满足，比如得不到有效的回应，孩子自身有满满的匮乏感，他们会更倾向于向朋友索取而不是给予。由于缺乏自我认同，他们也可能更倾向于和能认同自己的孩子交朋友，并且十分重视和渴求同伴一贯的、持续的认同，很难接受对方的任何否定，这也往往是其建立稳定同伴关系的绊脚石。因此，很多孩子在渴望好友而又难以建立稳定同伴关系的生活中度日，他们有可以建立关系的同龄人，但缺乏建立依恋关系的心理基础和策略；他们需要朋辈关系，但又无法有效获

得……他们内心的关系需求一直得不到很好的满足。

二、从神经生物学角度认识困境儿童

遭受遗弃对孩子来讲，不仅带来了巨大的痛苦，也造成了创伤性的问题。遗弃，有可能是真实发生的，比如有一个婴儿，亲人们都不要他了，他被遗弃在了某个地方，与我们在工作中面对的儿童的经历一样，在婴儿期就被亲人遗弃；遗弃，也可能指的是情感上的抛弃，也就是说，父母虽然在孩子身边，但是在情感上跟孩子是疏远的，他们对孩子是冷漠的，不参与孩子的一切，在孩子的生命中袖手旁观。

遗弃，有可能是有意的，比如说父母主动选择不参与孩子的生活，或者是不跟孩子待在一起，不花时间跟孩子相处；也有可能，这一切的“不参与”和“不在一起”是由疾病、死亡等其他困境造成的，是非故意的结果。不管是哪一种类型或出于什么原因，遗弃都会影响儿童的社会和情感发展，而且这种影响会持续到成年。遗弃很少是一种单一的经历，它通常与其他的困难或困境有关。比如长期充满压力的经历或者是其他的创伤性经历。在此，我们会重点呈现与不良童年经历有关的内容。

“不良童年经历”研究是在美国开展的一项长期的大规模研究，旨在研究童年的困境与成年问题之间的关系。这项研究证明了不良童年经历与毕生的情绪、行为、社会化和健康问题之间存在关联。对于专业人士来说，“不良童年经历”这个术语，往往被用来描述孩子所遭受的一系列的或者很大范围的困难经历。这些不良童年经历，有着可以被识别的一些非常典型的或者非常突出的特征，包括：躯体虐待、情感虐待或者性虐待；身体或者情感上的忽视；失去自己的亲生父母，这有可能是离异、遗弃或者死亡造成的。还有另外一些情况，可能是这个孩子遭受了家暴，或者目睹了家暴的发生，或者孩子是与酒精或药物成瘾者生活在一起的，或者是与患有精神疾病的家庭成员生活在一起的。

此外，“不良童年经历”的研究还显示，对遭到抛弃的持续恐惧，以及担心这会造成进一步的丧失，也是“不良童年经历”之一。虽然这项研究是在美国进行的，但是世界卫生组织认为，这项研究的结果也反映了世界各地类似的现象。

在互联网上以“不良童年经历”为关键词搜索的时候，可以发现，目前的资料里面，有一类是“不良童年经历问卷”。这类问卷或者量表，正被各国研究者广泛使用，在现实调查中应用广泛，使用范围也越来越广。回到心灵花园心理援助工作中，我们跟孩子一起工作的时候，把“不良童年经历量表”或者“不良童年经历问卷”用作评估工具，是非常便捷的，它能够帮助我们评估由孩子经历引发的问题，了解问题的严重程度。我们通过实践发现，被抛弃、被遗弃的童年经历，对孩子来讲影响非常大。我们把它称为遗弃创伤。

我们在心理援助工作中面对的儿童几乎都有被遗弃的经历，与其接触并开展工作后会发现，“害怕被遗弃”会引起孩子们强烈的焦虑。也就是说，如果一个孩子在父母两个人都不在他身边的情况下长大，那么这个孩子可能就会有一种悲伤的感觉，并且为父母的缺失而自责。如果这个孩子被完全剥夺了与父母的所有联系，在孩子的心智当中，他会认为是他自己造成了这样的结果。因此，他就会把父母对他的遗弃归结为自己做了什么不好的事，或者是自己没能够做到什么事情。也就是说，年幼的孩子常常会认为被遗弃是他们的错，他们对此负有责任。因为除此之外，他们找不到任何合理的理由。

对一个孩子来讲，把这样的感受直接表达出来是非常困难的。所以，通常孩子们不会把他们的这种自责和感觉言语化，我们接收不到他们的表达。如果遭到父母遗弃这件事情发生在孩子还没有明白自己没有责任之前，那么它对孩子就具有特别大的破坏性。也就是说，如果他还没有成长到发展出良好的认知功能，他还没有办法用理性去理解发生了什么，那么被抛弃对这个孩子来说就具有极大的破坏性。当这样的情况发生在孩子成长的过程中，他就会很容易产生一种想法：是自己有什么问题，使得别人在本质上不喜欢他，使得自己不讨人喜欢。即便留下来的父亲或者母亲能够给孩子提供情感支持，甚至是比较紧密的情感支持，帮助孩子培养健康的自尊感，但是如果这个孩子非常年幼的话，那么父母中一方的缺失对孩子的成长依然有着非常大的影响，他仍然会认为自己有做错的地方。

所以，就神经生物学这个层面的影响来看，“不良童年经历”会在大脑留下永久的生理指纹。在这些突发或慢性的不良童年事件中，人体释放的应激激素（或称压力激素）会使大脑浸泡在有毒的化学物质当中。也正因如此，创伤的复原变得非常困难。如果这些突发事件或者慢性的不良童年事件没有得到充分的处理，那么，大脑中产生的这种应激激素会使孩子长期处于一种高焦虑状态之中，这样的状态很可能会产生持久的生理和心理问题。

在心理援助工作中，我们就遇到过儿童遗弃创伤的不少症状。熟悉这些创伤症状，对机构困境儿童的心理援助工作是非常有帮助的。比如说，这些症状包括孩子们长期地或者非常强烈地担心自己被抛弃，抑或是有分离焦虑，而且这种分离焦虑超出了其所处发展阶段的正常水平。这些孩子无法信任别人，害怕遭到拒绝，或者时常有着这种“被拒绝”的感觉，很害怕独处。在行为上，这些孩子可能会表现出回避、退缩或者隔离。在情感上，他们可能会退出关系，或者切断关系和友谊，也就是把这当作一种防御，目的是不被再次抛弃。在与人交往上，他们可能会呈现出缺乏安全感，很黏人，或需要得到不断的安慰。有时候，孩子们也会表现出完全相反的一些行为，那是一种防御。比如说，他们可能会表现出特别想去控制他人；有些时候，他们所呈现出来的是自信心不足，不敢表达自己内心的感受，他们会把这种感受埋藏在心间；或者表现为低自尊，有失落感，怕被抛弃，感觉自己无足轻重，感到很无助，等等。

第四章

创伤治疗与心灵花园

一、以德而行，以诚至远

将“以德而行，以诚至远”作为心灵花园志愿服务的专业态度，是因为志愿者只有真正回到自己的内心，回到服务的孩子身边，才能真正地了解到志愿工作应该在哪里、怎么做。

（一）以德而行

“不知则问，不能则学，虽能必让，然后为德。”

——《荀子·非十二子》

“道”之所“示”，在“心”为德。《品德深度心理学》（*Integrity in Depth*）的作者约翰·比贝非常看重中国人的德。他认为，德是中国人非常独特的一个东西。中国人经常讲道，道是最大的自然法则，是中国哲学的最高境界。但是，道如何跟人连接呢？德即是道所示的道路，是中国人的身体力行，行在路上。当以德而行的时候，很有趣的是，“德”字右半部分为十目一心，我们有十目，总是东看西看，因为有很多路、很多诱惑。而我们只有一颗心，我们需要守住心，只有这样才能行在心上，这是心灵花园所具有的精神。对机构困境儿童开展心理援助工作时，我们帮助不了所有的儿童，但是，我们应从心而为。所以，我们常常会对新进的志愿者说：你慢一点没关系，你今年不做也没关系，你参加了培训而最终没做也没关系。世界那么大，我们可以做任何让自己的生命有意义的事情。你不来，没关系，如果你来了，希望你可以守得住内心，且以德而行，“不知则问，不能则学，虽能必让，然后为德”。需要问，需要学，还要谦，具有团队合作精神，这样的团队才是富有生命力的。

（二）以诚至远

"诚者，天之道也；诚之者，人之道也。"

——《礼记·中庸》

"行之发于至诚。"

——《汉书·赵广汉传》

"夫诚者，实有者也，前有所始，后有所终也。"

——《尚书引义·说命上》

我们中国人讲究正心诚意，治疗关系也是如此。如果志愿者的工作是为了满足自己的欲望，那么，志愿者的工作就会有困难。正心诚意，是志愿服务中最核心的态度。只有在正心诚意的状态下，志愿者才能够遵守所有志愿服务的规定和伦理要求，也才能够真正地从内在去管理自己的行为。例如，在开展志愿服务时，尤其是新志愿者，会遇到年龄小的孩子请你带东西，志愿者会很纠结带还是不带。你的答案是带还是不带？你的理由是什么？福利机构的孩子会向你提出私人化请求，希望你牵挂他、关心他、满足他。在福利机构里，有非常多的"不能选择"，不能选择一对一的关系，不能有足够的个别化，否则集体将会陷入困境。然而，每个个体都会发出期望被看见的呼唤。所以，首先需要接住的是他希望你给他带东西的心意。

"夫诚者，实有者也，前有所始，后有所终也。"希望心灵花园公益项目的志愿者踏踏实实、正心诚意，使项目持续地发展下去。对于志愿者来说，这也是最基本的专业态度。抱持，最重要，也最不容易。从心理上来讲，当一个人没有父母的时候，似乎没有任何人要对他承担责任，他也不知道如何表达自己。绝大多数机构困境儿童都面对一个共同议题，那就是被遗弃："你不是我想要的。""我接纳不了你。"在志愿服务工作中，保持清醒并了解抱持是最重要的。当一个生命来到你面前时，你要接纳这个生命。这是一件在心理层面具有绝对意义的事件。

二、机构困境儿童心理援助的目标

心理援助工作的目标到底是什么？首先我们要思考：我们能做什么？在多大程度上做？最基本的一点是，我们能促进困境儿童的心理与人格发展。

（一）人格与自我功能发展

人格这个概念并不抽象。一个孩子无论性别，是否残障，他不必完美，只要他的人格是健全的，那么他就能够用自己的力量做事情，用自己的方式过一生。据了解，在孩子青春期各个福利机构可能遇到非常严重的问题，在这个阶段开展心理援助工作最困难。孩子小的时候行动不便或者活动能力有限，福利机构工作人员能够管理好他们或者处理他们的问题。但是青春期以后，孩子的性发育问题、自我问题包括原始性愤怒变得格外引人注目。这时候，我们几乎没有办法跟他们建立连接，因为这些原始性愤怒跟他们婴儿期的情绪有关。从心理学的角度来讲，这是因为儿童的人格发展在早期就出现了问题。在福利机构，有些孩子会不停地点头、摇头，或者坐在、趴在地上，晃动身体，甚至往地上磕自己，他们以自己的身体作为刺激其本身的工具。随着年龄的推移，许多福利机构的孩子存在动力缺乏的问题，比如志愿者经常遇到的反移情问题“我怎么就推不动你呢？”。又如有些个案，孩子到了可以并且有能力工作的年龄，但是对工作毫无动力。他们为什么要去工作？他们的需求在哪里？他们似乎对与社会、与他人建立连接没有需求，对生命也没有需求。福利机构中不乏发展与适应良好的孩子，但有更多发展与适应差的孩子需要我们更早敏锐觉察和干预。在多年的心理援助工作中，协助人格与自我功能发展，帮助孩子们获得他们自己的能量，一直是心灵花园公益项目关注和下功夫的最重要部分。

（二）心理发展

对福利机构的孩子来讲，如果他能表现出他所处年龄段应有的状态，就是很好的。目前的普遍情况是，孩子们的认知、情感与行为发展水平，远远低于他所处年龄段应有水平。这跟环境能够提供的刺激以及个性化教育有关。

我们在心理援助工作中一直有一个期望，即孩子们能发展到他们可以发展到的水平。以患有唐氏综合征的孩子为例，如果是重度唐氏综合征并发智力障碍患者，志愿者如果能够协助其情绪流淌，在当下就已经达到工作预期。如果是轻度唐氏综合征患者，比如纪录片《福利院的孩子们》中，有个孩子被收养，她非常可爱，但患有轻度唐氏综合征，如果给她一个良好的成长环境，即使带有缺陷，她也可以实现一定的学习目标，并且发展出很好的情商。

无论是临床心理咨询的教学，还是心灵花园公益项目志愿者的指导，都需要关注孩子们的正常发展水平。准确地评价这个孩子的具体情况，以及他可能的最好情况是什么，对志愿服务工作有非常大的帮助。以一个儿童遗尿为例，我们不仅是去开展沙盘游戏治疗的工作，而且关心躯体性问题。从发展心理学来说，如果一个孩子的感官在2岁以前非常受限制，那么他的身体性反应将会比较麻木。可以想象，假如你是婴儿，你的身上长时间裹着湿湿黏黏、沉甸甸的尿不湿，你将会非常难受，你的躯体感觉是被剥夺的。所以，志愿者对孩子说“我带你玩沙盘”之前，应更多地了解他的背景。当面对儿童时，所有的心理学方法和技术都不是最重要的，最重要的是我们需要体会一个困境儿童的成长是什么样的。如果我们对其不够了解，就会忽略很多东西。

（三）建设儿童的心理地基

2016年哈佛大学儿童发展中心发布了一份报告“*Early Experiences Can Alter Gene Expression and Affect Long-term Development*”，它的影响非常大。研究者通过追踪研究发现，早期经验对基因表达具有显著影响。过去，我们认为人的基因在出生的时候已经被决定了，不能改变了。但是，这份报告得出一些新的结论。它告诉我们，养育者跟孩子的良好互动经验有助于大脑神经元之间的连接。5岁以前的良好互动经验（包括与人的互动，感觉的、情感的经验）具有非常重要的意义，它会影响大脑皮层上各个部分（视觉的、语言的、记忆的、情绪的、运动的、行为控制的等）黄金连接点之间的有效连接、协作；如果5岁以前的互动经验不好，这些连接将是断裂的，孩子未来可能表现出学习能力低下或智力障碍。如果神经元之间的连接是丰富的，那么无论一个刺激是从视觉还是从情绪部分进来，它都会激活整个大脑皮层的活动，这是一个生命有能量的样子。比如，一个视觉刺激进入大脑，大脑皮层的各部分不联动，视觉皮层上的神经元就不会被激活。正如大家所熟知的，“我看到了，并不代表我看见了”，这是一种感觉部分的断裂，各个刺激的入口都是“孤岛”。

这份报告以及随后的一系列研究揭示，从出生到5岁的养育经验深刻地影响着基因的表达，好比空气、水和阳光，如果没有这些，即使有良好的基因，孩子也发展不起来。其中最重要的原因是，大脑神经元的连接被阻断了。而这给志愿者的一个提示就是，是否开展沙盘游戏并不是最重要的，最重要的是定期去福利机构与困境儿童互动，这才有可能为他们提供丰富的感受与情绪刺激。

三、如何理解机构困境儿童

心灵花园公益项目中的个案相对比较特殊，有严重创伤的个案占比非常大。他们的创伤是剧烈的，也是集中的。这对于一线志愿者来说是非常大的考验，对志愿者的承载能力、容纳性、专业态度、专业能力都提出了更高的要求。当然，对于每一个心理工作者而言，这也是机遇、幸运。和特别的个案工作，了解特殊个案的心灵，包括他们的经历、现状、期待和希望等，这一切无论是从学习的角度，还是从个人体验的角度来看，对心理工作者个人心灵成长都是非常难得的机会。

（一）创伤层面

在心灵花园公益项目的个案中，来访者的创伤都有一些特点。总体来说，他们的创伤具有孤、残的特点。“孤”包括了被抛弃、被遗弃、失去父母；“残”指先天的或者后天损伤导致的躯体缺陷。还有一些属于孤残合并，即既是孤儿又有残疾。这么严重并且带有多重创伤的情况，其实并不多见。我们的工作对象是非常特殊的儿童群体，抽象地集中起来看，他们所遭受的可以说是人类情感中最深切的痛苦和最极端的伤害。

他们的创伤也是长期的、慢性的。这种创伤不是指已结束的一次性创伤，因为失去亲人，或者被抛弃、被遗弃的经历是一种潜在的不断起作用的创伤，并且都是深藏在内心的。这种创伤具有持续性，这些孩子即便进入福利机构，也并不意味着他们能像正常家庭的孩子那样享受真正的家庭温暖。现实生活环境发生变化会对其造成持续性的创伤，不可预测的变化会使他们的心理受到一定的影响，而且这些影响是持续存在的。

心灵花园公益项目所面对的儿童的创伤具有早年性，这些创伤是在他们的儿童期甚至更早的婴儿期形成的。

心灵花园公益项目所面对的儿童的创伤还具有基础性。从心理发展的角度来说，从温尼科特的父母—婴儿关系理论到克莱因的客体关系理论，再到之后的精神分析的发展心理学研究表明，一个人成年之后心理或精神方面问题的严重程度与遭受创伤的心理发展阶段是密切相关的，发展阶段越早，创伤就越深、越重。

从督导过的个案中，会看到比较普遍、一致的内心原型的呈现，主要为困境儿童原型、伤害者原型、自卑原型。然而，这些原型不一定会在我们的工作过程中呈现出来，需要更多地与孩子们互动，以发现他们内心深处时时刻刻都存在的原型，这也是他们非常核心的情结。在这里特别需要强调一点，这几个原型具有集体性，它们不完全只是在这样的创伤遭遇下才会产生，还有更大的社会文化背景的原因。作为心理工作者，虽然我们没有工作对象这样的遭遇，但是也有可能在我们的成长过程中，我们心里因为某些原因有这几个原型。志愿者需要关注的是，当遇到这样的孩子时，我们自己内在的这几个原型特别容易被激活，以致不太能够继续工作下去，或者产生强烈的情绪反应。当然，这也有一个非常大的好处，即让我们能够反观自己，认识到我们的内在可能也有这样的一些问题，从而去觉察我们个人内心需要去面对和处理的部分。

（二）理解关系

关系是最重要的治愈因素，能不能建立好咨询关系、信任关系，决定了我们的工作会不会有成效。我们从出生开始就已经进入关系，关系是我们作为人和这个世界连接的第一步。创伤可以说就发生在关系上，因为第一个客体——母亲，都涉及关系。这样的关系是好的还是不好的，是存在的还是解体的，对一个人的影响是不言而喻的。不只是志愿服务工作，所有的咨询工作其实都是一样的，疗愈一定要从关系开始。

心灵花园公益项目个案在关系部分有何特点呢？跟这样的孩子建立

关系对志愿者而言是一个很大的挑战。因为孩子们对好的、持久的关系充满期待，但是可能又时时失望。先不说别的关系，就只从志愿者来说，志愿者很少能持久地、一直地和这些孩子保持关系，其中的大多数关系都是短期的。心理援助工作如果不能够持续一定时间，对他们造成的伤害可能比帮助还大。所以和这样的对象建立关系，我们需要认真地斟酌应该如何进行、如何结束。心灵花园公益项目中容易建立关系的孩子比例不是很高，因为他们本能地知道，关系并不稳定，不知道哪天就会结束，就会失去，所以他们可能会带着非常强的自我保护的意识来建立关系。因此，在工作的过程中，比如沙盘游戏，他们不会那样容易呈现他们的心灵世界，和他们工作了很久之后你就会发现，他们是不会在沙盘中呈现大多数的创伤的。因为这个关系真的很危险，一旦他们投入，一旦他们真的敞开了心扉，他们会再次面临被抛弃的可能。还有一个原因是他们的创伤都埋藏得很深，这些创伤太大了，距离他们的意识太远了，很大程度上是被隔离开了，所以不太容易呈现。在不能够保证持续的、长期的安全关系的情况下，他们出于自我保护，可能不去触碰和暴露创伤，这对他们来说会更好。因此志愿者在福利机构工作的时候需要理解这一点。

从移情与反移情的角度来说，志愿者在去工作之前可能就已经对志愿服务对象提前有了反移情。在平常的工作里，我们会节制，会跟来访者保持某种距离，尤其是情感上的距离，我们会保持客观性。但当我们到福利机构进行心理援助工作时，情况则会非常不一样。比如我们会带着一些怜悯心、爱心，或者一些其他方面的期待去做这个工作，此时我们更容易产生反移情。这与个人的成长经历，包括个人的情结有一定关联。我们的工作对象的特殊性，会提前激活我们作为一个人会产生的一些情感。当然这些是很正向的情感，这样的反移情会很快地使我们投入和孩子的关系中，并产生很深的、强烈的情感，这都是人之常情。但是，这其实也容易导致一些问题。在这样的志愿工作里，我们会打破一些界限，投入很多的情感去和孩子工作，而这个孩子在带着很强的戒备心、缺乏安全感的同时，还有强烈的渴望，此时这种移情和反移情的互动是很剧烈、很特殊的。

我们要怎么去处理这些特殊的感情关系呢？首先，我们要清楚工作对象的特殊性，清楚一开始工作就可能出现的反移情程度，在工作中时时刻刻觉察我们的反移情是怎样的。其次，我们要去认识来访者的移情是怎样的，双方是怎样互动的，找到很好的工作切入点，或者说最好的感应。感应很多是无意识的，是不受我们控制的，我们需要更多地去觉察无意识。此外比较重要的是，我们需要知道工作时长。我们需要提前去计划和预测：我们在这一段时间里，大概做了多少工作？在这次的志愿服务里怎样去工作？怎样把握自己投入的度？如果没有一个总体的预估，工作的时候有太强烈的投入，会给中间阶段和结束带来困难。我们的工作在一定程度上是需要一定的节制的，需要接受督导或者进行个人体验，以便更好地做到既不伤害到孩子，也不伤害到自己，让工作有一定的成效。

（三）母亲情结

母亲是第一个重要的客体，如果孩子有创伤，可能和母亲的关系最大。我们在工作中最先工作的内容经常就是母亲情结。从更加广义的角度来说，母亲情结可能是整个人类社会的核心情结。我们会用母亲来形容一些在精神上带来安慰、支撑、滋养的力量或最重要情感的来源，比如祖国母亲、黄河母亲。这也可以帮助理解母亲情结对我们而言是多么重要，我们多么容易在工作中遇到它，我们和它的关系是多么紧密。

心灵花园公益项目面对的儿童很少把母亲或是相似的意象放在沙盘中，这和他们受到的创伤太过沉重有关系，他们不敢轻易去碰触这个部分，这也是心灵花园志愿服务工作的一个特殊之处。当然，“母亲”的功能还会通过各种其他变形的方式表现出来，比如容器、食物、植物等。因此，我们开展工作的时候，需要更多地从象征的层面去理解来访者的表达。他们不太会直接表达这个内容，即使使用象征表达也是会绕弯子的，我们需要努力地听懂他们，给他们提供他们可以感受到的，哪怕只有一点点像是“母亲”给予的滋养和保护。此外，我们在心灵花园公益项目的个案中发现，对于母亲情结，年龄大一些的男孩子不容易呈现，而女孩子或者年纪更小的孩子会更容易呈现。因此，我们也需要去保护孩子们的母亲情结，因为这个伤口一旦打开，哪怕是很小的伤口，也不是我们在短时间之内能够治愈的。

四、如何与机构困境儿童建立关系

儿童志愿服务工作，用心是基础。心灵花园河北工作站的一位志愿者曾很认真地谈道：“现在回想起来，我加入心灵花园公益项目的队伍也有五年了。好像从那时候开始，我的心就变了，我的人生观和世界观也变了。”实际上，她的工作时数在志愿者里面并不算多，但是她真的很用心。她对心灵花园公益项目的工作特别自觉、主动，时常会询问：“到年中了，志愿者有没有什么聚会？”这让人感受到她的心是和心灵花园公益项目维系在一起的。没有任何一个志愿者会计较工作站给了多少报酬，也没有人抱怨这个工作有多辛苦，他们是在用心做这件事情。用心甚至不仅体现在工作中，还成了一种生活的态度。

说到用心，我们会想到“愛”字，繁体的爱里有一个心，繁体的“感應”这两个字，下面也都有心。志愿者面向孩子开展工作的过程中会有很多感动人心的时刻，这可能就是转化发生的时刻。这个转化也发生在志愿者内在心灵中。志愿者们在讨论他们的个案时，就会把这些孩子们说成“我的孩子”“你的孩子”。经常可以看到这样的场景：当志愿者去工作的时候，孩子们可能就等在楼道里，他们在窗口看，当志愿者出现的时候就会说“×××，你的妈妈来了”。当然有年轻的志愿者被称为姐姐。也有的说“你爸爸来了”“你哥哥来了”，好像这是一种很亲密的关系。孩子们兴致勃勃地跑过来，跟着志愿者一起进沙盘游戏室。小孩子的步子很急促，腰杆也挺直着，小脸泛着光，这是他们动情的时刻，你会感受到他们的情感是涌动的，志愿者的心是在这里的。当孩子们生病时，志愿者们也会变得低落起来，这也是用心的时刻。当孩子们发生变化的时候，志愿者们脸上洋溢着喜悦，这也是用心的时刻。不管怎样，在春夏秋冬的记忆里，在时光的轮转里，因为用心，就会产生感动，因为产生感动，就有了感应。

对于用心，每个人都有自己的理解。有一次申荷永在工作中提问：“你们做沙盘游戏，总说五行，那沙盘中的火在哪里呀？”火就是用心，心属火。

普罗米修斯把火种偷到人间之后，人类就可以吃熟食，不用再害怕野兽，甚至可以抵御寒冷。人类历史上很多转化，不只是物质生活的改变，其实还包括意识层次的提升，精神层次的转化。所以，用心、用火就可以转化，火是一种能量，是“心”的存在。

沙盘游戏中志愿者面向来访者开展工作，没有心就没有情，没有情就没有办法触动心灵，正所谓“心之所念，情之所动”。因为用了心，才能够转化。

那么怎么用心呢？申荷永在他的专访里面曾提到怎么用心，他觉得这是一种态度、一种方法，更是一个修行的过程。

（一）尊重和信赖

用心的第一个维度是尊重和信赖。我们对儿童的尊重体现在对儿童的生存状态和天赋的尊重。尊重是一种特别有力量的态度和方法，你尊重这个孩子的时候，就会感受到生命是平等的。志愿者服务工作不仅是单纯地献爱心，爱心就像光一样，它存在于那里，只要接近就可以感受到。志愿服务工作是整个生命能量相遇和互相影响的过程，当意识到这一点的时候，我们就会自发产生尊重的感觉。

有一个志愿者曾有这样一段工作经历。那是一个夏天，中午的阳光特别炽烈，知了叫着，有种“鸟鸣林愈静”的感觉，这种安静能使人进入自己内在心灵的一个触发点。远处传来“pia-pia-pia”的声音，她被这个声音吸引了。她顺着声音寻找来源，发现两个七八岁的小孩在抽打一棵树，他们没有说话。在那个瞬间，她感觉到了他们的孤独：从这两个孩子的意识开始形成的时候，他们便发现自己是没有父母的，也许在这个世界上他们的父母是存在的，但他们感觉到的是“没有”。就在那一瞬间，她同时又感受到他们好像就是大自然的孩子。他们好像跟那棵树有一种特殊的交流，她在那一刻觉得他们就是那棵树的孩子。就在那个很奇妙的瞬间，她忽然对他们萌生了一种尊重的感觉，那是对一个人的存在的一种尊敬和重视。

有一个志愿者也讲到这样一个情景，她说，当她看到一个孩子爬着去拿沙具的时候，她蹲下来跟孩子说：“要不要我帮你？”那个孩子说：“不用了，我能行。”然后她就坐在地上，守着那个孩子，让孩子拿完沙具就回来。她坐在那儿，其实是对那个孩子心灵的高度尊重。她说：“你知道吗？我看着他把那个沙具放在框里面，往前放一放，爬一下，再往前放一放，爬两下，忽然我觉得我很敬重他。”所以，在产生尊重的感觉后，我们会在与孩子开展工作的过程中产生不一样的感受。

申荷永曾提出过这样一个具有启发性的问题：“我们要怎么进入沙盘呢？”这个问题实际上是在问：我们应该如何开始沙盘游戏的工作呢？如何开始一段关系呢？答案首要的就是尊重。只有尊重，我们才能从安全的地方入手；只有尊重，我们才会跟随来访者的节奏不急不躁；只有尊重，我们才能够看到来访者的能量和资源，也看到他深陷的困境；只有尊重，我们才不会为了尽显自己的才华而过多地去干预、去解释，去困扰来访者。

当然，尊重还体现在志愿者对自己的尊重。我们要尊重自己的生活。我们在招募志愿者的时候会说：“如果你有这份心，如果你有这个时间，我们非常希望你加入我们的队伍里面来。”在志愿服务过程中，我们要尊重自己。超额付出的背后可能就是过度的期待，甚至有的时候是抱怨和愤怒。比如在工作中产生这样的想法：我都这样了，工作的儿童怎么还那样，怎么还不出现我所期待的变化……如果我们在工作中萌生了这样的想法，要学会去思考：我们是不是没有尊重自己呢？

尊重自己还体现在志愿者要能够接纳自己的不完美和特殊情况。我们有很多事情是做不到的，比方说当孩子说“你把我带回去吧，你做我的妈妈吧”，志愿者是做不到的。在和孩子工作的时候，有时候无法往前推进，我们就会处在迷茫和停滞中。我们就会发现：有时候事情确实没有办法用“是和否”“对和错”的二元对立标准来评判。比如你要跟家人出行，那你可能要暂停一次心灵花园公益项目的工作，或者告诉家人：“我没有办法旅行，我跟这个孩子的工作进入了很关键的阶段，这个旅行能不能推后一个月？”在这种两难的时候，尊重就体现在“告知和讨论”上。如果你有旅行的计划，你需要提前告诉你的工作对象，当然，这样的告知要在工作开始之前，而不是工作结束了才说“我下次不能来了”。如果你在工作结束了才说，儿童会觉得：这是不是一种惩罚或抛弃？因为他刚刚跟你工作了，而他呈现了一些消极的东西，然后你跟他讲下次不来了。

我们通常都会说“没有特殊情况的话，我们下一次再见”，因为总会有一些特殊的情况，甚至有的孩子在没被告知的情况下就被带走了。我们要看到，这些情况就是意料之外的，我们要学会去接纳。

不管怎么样，我们可以跟这些孩子去讨论，说：“我不能来的时候你有什么情绪，有什么体验，有什么幻想吗？”你甚至可以观察，当你们再次相见的时候，他是什么态度。有的小孩会说："你知道吗？上次我好想念你，但你没有来。"有的孩子见到你就很别扭，好像有点不想搭理你了。有的小孩干脆就不谈这件事情。这个时候，你就会看到他们的依恋模式。这些工作情境是真实存在的，我们要尊重这种真实的不完美，才能打破那种理想化的预设。

除此之外，我们还要接纳自己犯的错误，尊重自己感受到的消极的情感。如果我们不能够尊重这些情感，我们就会想把它压下去。我们就没有办法说"你想告诉我什么呀？""这些到底有什么意义？"。比方说有一个儿童在沙盘里面放一个大炮，冲着咨询师，咨询师觉得被攻击了，但他觉得"不行，我不能接纳这种情感，对这个儿童我要容纳"。这时，他其实没有对这个消极的情感有足够的尊重。当这些消极的情感出现的时候，越是不去接纳它，越是不去尊重和倾听它，越是可能导致咨询都结束了，咨询师还没有办法理解和消化这种攻击，这种情感就可能不停地来干扰这个咨询师。因为这种难受的情感，咨询师就可能会有一个行动，比方说开始讨好这个孩子，夸赞这个孩子，想让这种攻击销声匿迹。有的咨询师可能开始陷入自责，犹豫甚至迟疑，然后进入自己情感的旋涡中，没有办法看到工作中的孩子。因此，对于让我们不舒服的情感，我们也要尊重它，对自己仁慈，然后才能对别人好。如果对自己都充满了各种批评，那宽厚从哪里生发出来呢？

尊重的背后是信赖。申荷永在《洗心岛之梦：自性化与感应心法》里面提到自己的经历：他的父亲去世，他收到电报说速归。等他回去之后发现母亲已经陪着父亲在医院里面了，他的母亲那个时候就能够很尊重父亲这样一种状态，他觉得这就是一个道的运行。在母亲的背后是对命运的尊重和信赖。

在我们的工作中也应是如此。有句俗语叫"谋事在人，成事在天"，当你做了很多的工作，你来到了儿童面前，你信赖自己的本能去工作，同时也反思你们之间的互动如何展开……你所做的这些，就是尊重目前的这种状态，然后思考为什么是这样的一种状态，这种状态在这里代表什么。我们要尊重目前的工作状态和自己的心理状态，尊重和信赖是有很强的力量的。

（二）稳定和敏感

用心的第二个维度是稳定和敏感。我们都知道，当我们作为志愿者和儿童工作时，我们是陪伴者、守护者，也是安全、自由与受保护的空间的营造者。而在这之上，我们若是愿意加上一个定语则会更好，这个定语就是稳定和敏感。在和儿童的工作中，我们更要努力去做一个稳定和敏感的陪伴者、守护者，安全、自由与受保护的空间的营造者。

稳定的一个来源是志愿者的人格特质。它可能是志愿者带来的情绪、情感，甚至是人格的稳定。但这并非意味着你是个稳定的人，你的内在就没有混乱、脆弱、摇摆的情况。它们是一个硬币的两面，是同时存在的。

此外，稳定还包括了工作框架的稳定：几点开始，在哪里工作，时间的设置，场地的稳定性，等等。

敏感是指志愿者敏锐的觉察和感受力。就母子一体的感觉来说，母亲敏感的时候就是在场的，她跟这个孩子就是在一起的。如果母亲没有这种敏锐的觉察，这个孩子对她来说可能不是一个人，可能会是一堵冷漠的墙，一种忧伤的氛围，或者是一团雾霾、一个诅咒。在志愿者提交的考核报告中，有的个案描述就很有在场感。当志愿者去描述志愿服务工作过程的时候，我们甚至能透过描述感受到来访者内在心理能量的流动。比方说儿童在沙盘里摆了很久，抬起头来看了一眼他的咨询师，有点羞涩。我们当时可能无法用语言去描述儿童看他的咨询师意味着什么，但是咨询师是有感觉的，他已经敏锐地觉察到了某些东西。

怎么才能做到敏感地在场呢？我们要关注、注视。眼到，心就到了。

当你去注视、观察的时候，就会获得一种理解，创造一个空间。我们在跟儿童工作时，去看他们是怎么走向我们的，是怎么用眼神交流的。有一位志愿者的工作对象是一名听力障碍儿童，他起初什么都不懂，更多的是用眼神交流，后来他开始学一些手语，再到后来写工作日志的时候，他说“我们‘说话’，彼此能懂”。这个时候你会发现：原来眼神这么厉害，眼睛是心灵的窗户，眼神的力量可能胜过千言万语。

注视不仅仅是一种行为，它还营造了一种稳定感。有这样一个案例，是关于孤独症儿童的。这个孤独症儿童和咨询师没有对视，但是咨询师依然会专注地去观察和体会，注视这个孩子。没有语言，咨询师就注视着这个儿童一会儿怎么跑，一会儿怎么叫。后来有一天，这个小孩画了一只狗，那只狗的身子是歪着的，脸是扭过来看咨询师的，刚好跟他进行对视。看到那只狗的眼神的时候，督导的老师特别感动，说：“好像这个孩子要跟你建立一个真实的人际链接了。”果然不久之后，这位咨询师就说到了这一点，他说：“老师，太神奇了，后来我们真的能够对视了。”孩子的心灵中已经有一个画面开始能够面对着咨询师。注视的时候，孩子能感受到咨询师的眼神，他能感受得到他是被喜欢的。

生活中，在妈妈的眼睛里，孩子怎样才能感受到安全呢？就是妈妈看这个孩子的时候，不管孩子美丑胖瘦，每个方面都是好的，这就是最原初的稳定和温暖。那么在这方面，我们要如何与儿童工作？这就需要非言语层面的工作，无意识的沟通，如眼神的关注，爱的注视。这样，孩子就会感受到稳定和安全。

事实上，当你去注视的时候，你就会变得敏感。我们说注视和跟随，不是说一注视就开始想着孩子怎么了，一开始我们要涵容自己的不知道，看不懂但是坚持去看：即使看不懂孩子这样在做什么，也看不懂孩子那样在做什么……忽然你就懂了，要涵容那种模糊性。就如“于无声处听惊雷”，你越能够在那样一种安静的状态中去注视和跟随孩子，你就越会变得敏感，越能够感受到更精微的能量的流动，进入一种懂得的状态。当然，我们在观看的时候，要能够既看得到沙具，又看得到人，甚至能够看得到孩子的问题、资源和内在的经历。而内在的经历是怎么样的？这需要安静地去看，用心若镜，不将不迎，就能看出门道，就能理解儿童，然后你就能稳定地在那里涵容那种模糊和不确定感。你在等待着答案从不确定里面浮现出来，在等待着意象由模糊变得清晰的过程中，稳定感就形成了。正如申荷永所说的，“让沙盘说话”。沙盘怎么说话？来访者摆沙盘的过程就是在说话，不是用言语说话，而是用意象和象征说话。这个时候通过注视，我们才能看懂来访者或者我们与之工作的儿童非言语的动作，才能听得到弦外之音，言外之意，听得到象征背后的言说，最后才可能会拥有一个涵容和转化。

五、如何与机构困境儿童开展沙盘游戏工作

关于如何与儿童工作，每个人可以真诚地问自己两个问题。

第一，自己所工作的儿童，需要的是什么？

儿童需要的是陪伴、关注和理解。当我们开始思考这个问题时，其实也意味着我们在感受儿童的感受，儿童的形象也开始在我们心中变得丰满。

第二，自己能够为儿童提供什么？

在工作之初我们需要思考的是：当儿童把“心底材料”投放进这个“容器”中时，作为心理援助工作者又投入了什么？这种思考会影响与儿童工作的进程及效果。其中，最重要的是要了解每个人自身的情结，因为这有助于了解自己及儿童。

（一）了解自己

作为心理工作者，特别是受训于荣格分析心理学的心理工作者，在平日里所思所想及工作都是去探寻心灵发展路径中的点金石和哲人石。如何通过了解情结来了解自己？或许每一个志愿者都可以问自己：为什么选择做心灵花园公益项目志愿者？

关于情结，有一个典型事例。

心灵花园公益项目倡导者及发起人申荷永曾经问他的老师乔·汉德森（卡尔·荣格的第一代学生，经典分析心理学的见证人）："您都100多岁了，是不是已经解决了自己的情结？或者说您是不是没有情结？"

乔·汉德森回答道："不，我只是更清楚情结在哪里，我可以绕开它……"

情结是每个人生命中的一份特殊的"礼物"，它被层层包装包裹着。有被包装得很精美的，令人享受并深陷其中；也有被包裹得充满荆棘的，令人容易被刺到，甚至会感到心痛。对于每一个独特的生命而言，这个"礼物"通常不仅仅是生命的礼物，它还象征着智慧，是每个人在个体化成长路程中的一把金钥匙，它有一个核心，也有基本的情绪、情感的基调和独特的意义，不管是哪种包装，当一层一层打开这个"礼物"探究其核心时，这个过程便充满了成为自己的意义，面对它、识别它、体验它并深入其中，有时候影响我们成长的不一定是创伤，而是情结。同时也要清楚自己当下无法解决的情结，比如在分析心理学中经常提及的母亲情结、自卑情结等。因此在与儿童工作的过程中，要保持专业态度，进行察觉和反思，不仅要学会做一面"镜子"，更要保持"镜子"的整洁。否则，当与儿童有相同的情结时，将很难保持专业性。

（二）了解儿童

首先，不同的儿童群体的特征是有所差异的，在心灵花园公益项目的志愿服务工作过程中，总能找到属于儿童群体自身的独特性。比如，工作的儿童是几岁来到福利机构的，是如何来到福利机构的，在进入福利机构之前他经历了什么……对这些问题的思考也是寻找资源的过程。在与机构困境儿童开展沙盘游戏的过程中会发现，有家庭生活经验的儿童与没有家庭生活经验的儿童在沙盘主题及呈现内容等层面存在极大差异，能够从个体的经历看到文化及原型在这些儿童心灵和生命中的呈现。

其次，注意所服务儿童群体自身的特殊性。心灵花园公益项目儿童心理援助服务工作虽然是以机构困境儿童为主进行心理援助，但也包含特殊学校儿童、监狱服刑人员子女、特殊教育学校儿童、社区事实无人抚养儿童等，从广泛意义上来讲，他们都属于困境儿童群体，也会存在群体的差异性。有一年，心灵花园石家庄工作站志愿者到某个山村为3～9岁的儿童进行以沙盘游戏治疗为主的一系列活动，服务对象也包括事实无人抚养儿童。“事实无人抚养儿童”意味着这些儿童在现实生活里不是失孤儿童，他们可能有一个近亲属作为监护人，在他们的生活中，父母的意象是非常模糊的。每次进行活动前，志愿者都会提前讨论工作对象的特点，其中包括是否可以与儿童谈论其父母。因为对于这些儿童而言，谈论自己的父母似乎是一种禁忌，而且也很少会有人和他们讨论到父母的话题，他们得到的关于父母的信息更多来自爷爷、奶奶。在这种情形下，志愿者设计了一次活动，请儿童谈论关于妈妈的记忆。在这个过程中，志愿者发现所有儿童都会在那一刻探寻自己的内心。

最初，在儿童很难画出自己妈妈的形象时，志愿者试图做一些引导工作，说：“你们可以画你心目中期待的妈妈的样子哦。”他们便流畅地画出来了。

有一个7岁女孩小声地和志愿者说："我没有妈妈。"

然后她开始哭了。

志愿者A："每个人都有妈妈，我们都曾经在妈妈的肚子里待了很久才出生，有时候你只是忘了妈妈的样子。"

志愿者B补充道："如果你没有见过妈妈，可不可以说一说你心里的妈妈是什么样子的？"

那一刻，或许在那个女孩的心里，妈妈的样子会慢慢浮现。

另有一个8岁的男孩，妈妈在他5岁时离开，后来再没有回来过。

志愿者观察到，在其他儿童都在用笔描绘自己心目中的妈妈时，这个小男孩却表现得很犹豫。

他先画了一个圆圈，接着在圆圈里打了一个叉。突然停下来，然后又重新拿了一支黑色笔开始画，但画出来之后又打了一个大大的叉……

他似乎在寻找自己心目中妈妈的样子。

后来，在志愿者的协助下，这个小男孩终于画出了一朵花。这朵花的头部是五色花瓣的向日葵，身体中间是醒目的"心"，志愿者看到时不禁感受到"中间那个心好幸福"。虽然画中并没有显示出妈妈的"脚"，但是志愿者能从画中看见妈妈张开的手臂，以及圆形、方形、三角形等图案，这些图案都十分原初，与母亲原型有关。志愿者在儿童的这幅画中看到颜色的变化，看到那颗心，也感受到儿童对爱的渴望，更重要的是，看到儿童与自己的连接，这种连接穿越了儿童的记忆，直接连接到了每个人心里对母亲的印象。画中妈妈的头是像向日葵的五色花瓣，或许在他8年的生命里，存在某些温暖，这些温暖不一定来自母亲，也许是透过志愿者的温暖与坚定所传递的正向、积极的母亲意象的流动。当一个意象在儿童的心里呈现时，这些意象便有自己的生命力，我们能从中看到儿童内在生命与母亲的连接，当儿童能够感受到妈妈的存在并描画出妈妈的图像时，那一刻他便和妈妈在一起，这种连接正是沙盘游戏中的关系所在。

最后，需要明确自己应该与儿童进行哪个层面的工作，通常来说，和儿童工作时需要先对其进行评估。这种评估不仅仅是评估儿童的“知情意”，更是评估儿童的象征性水平，评估完成后才可以与儿童在象征性水平上进行工作，这是需要觉察的部分。我们可以通过沙盘游戏，通过与儿童接触的过程，觉察能够与儿童进行工作的水平，包括认知水平、教育水平及象征性水平。需要注意的是，与儿童工作不一定必须通过沙盘游戏，大量青春期的儿童需要发展自我认同，他们不愿进行沙盘游戏，此时我们可以尝试采用其他方式，因为工作的根本点在于看到来访者的需求，而非沙盘游戏。

（三）了解沙盘游戏中的疗愈性因素

沙盘游戏中的疗愈性因素很多，其中关系是基石，涉及三个层面，即融合、分离、个体化。

融合，即经常提及的要在沙盘游戏中营造安全、自由与受保护的空间，这既是态度也是方法。如果一颗种子要发芽，需要阳光、水分、空气，更需要种子自身，这样在母子一体化的过程里，疗愈才可能发生。在这个过程中，需要一个不同于你的我和一个不同于我的你，将彼此“打碎”放在一个“容器”里，即为融合，沙盘是融合过程中的容器。所以，无论是从生物的角度，还是从心理的角度来说，母子一体化都是建立关系的开始。

在意识早期的发展里，融合和分离一体两面：当丰富的人格中一部分在融合时，另外一部分也在分离。这两股力的方向相反，但是相辅相成、相反相成。其中，与分离相关的是母亲与婴儿的早期关系，当一位母亲将自己的孩子照顾得十分周到时，她便是一位具有强大的照顾、滋养、守护能力的母亲，她在孩子幼年时期便能表现出有关母亲的积极的意象。若是到孩子9岁时，她还能够一看见孩子就知道要做什么，对孩子而言，母亲依然是一个积极意象。但如果此时她过于干涉孩子，则会表现为控制、吞噬性的消极意象，此时分离是非常重要的。回归到志愿服务工作中，关于分离，我们需要思考的是如何在个体内在心灵发展中对情感的命名及镜映进行工作。

相当一部分福利机构儿童在情感命名方面存在困难，例如儿童砸沙具时通常会被问道："当你这样砸的时候，是在表达你很生气吗？"儿童往往很难回答出自己此时的情绪。而情绪命名的早期获得是在婴儿期，当婴儿一哭，母亲喂奶时可能会说："你哭得这么大声，你是饿了吗？"当把奶头放到婴儿嘴里的时候，母亲又会说："现在开始喝奶了。"这是母亲镜像的功能，包括对情绪的回应及情绪的命名。婴儿会在母亲的回应后知道：当他的手脚乱动的时候，他的情绪是着急。镜映涉及婴儿早期自我意识的发展，就像把一个婴儿放在镜子面前，起初他不知道镜子中的是自己，通过不断地探索，他逐渐知道镜子里面是另一个"我"。这是一个很漫长的过程，也是心智发展的过程，与儿童个人成长的历程关系紧密。

个体化，是荣格给予整个人类的一个方向和可能性。志愿服务工作中如何帮助儿童培养主体感？在心灵花园公益项目的工作中，会发现儿童很少有"我"的概念，这与福利机构的生活环境相关，在他们的生命里出现更多的是一种集体性，相对来说，个体性很少有机会被呈现。因此，面对机构困境儿童最重要的工作之一，是找到现实层面和心理层面的平衡点，可以跟儿童交流更多关于个性化的信息，一方面去倾听和承接儿童想要告诉我们的部分，另一方面要在信息里提炼身心的能量，在集体的境遇里关注个体的发展。比如，我们可以试着提问："你觉得呢？""你认为呢？""你怎么看呢？""你想怎么样呢？"可能儿童最初的时候无法回答，但在不断重复的过程中，儿童慢慢会思考："我的感受是什么？""我在那一刻想要怎么样？"此时，儿童的主体感开始形成，这正是志愿者需要做的工作。

六、志愿服务工作伦理

伦理，简单来说是方法，是为了让社会生活变得有秩序的方式，也是人和人之间关系处理的原则和道理，就如同我们说的“真善美”，它是一种普世的价值观。分析心理学一直都与中国文化紧密结合，在伦理方面也一样，我们也需要真正地理解我们民族文化中的伦理到底是什么。在中国文化中，最主要的是五伦，在《道德经》中，老子就将“道、德、仁、义、礼”作为我们中国文化的最基本的伦理。

关于道德二字，《大学》有云：“大学之道，在明明德。”《道德经》曰：“道为体，德为用。”

道是这个世界、整个宇宙和我们作为人存在的规律，道无处不在。德是我们要成为人、做事情的一个标准，和道联系起来，就是符合自然规律做事，因为自然规律是最高的道德标准。

（一）专业伦理需要注意的几个方面

第一，伦理和个人信念、价值观以及个人成长的关系。伦理和每个个体所遵从的做人的信念、专业的信念、价值观态度，甚至和个人的发展成长，包括自性化的水平都是息息相关的。如果我们不注重伦理，我们便无法专业工作，心理援助工作者的个人成长也无法实现。

第二，伦理和法律的关系。伦理和法律有时候不完全一致，如何在符合法律要求的情况下处理伦理关系，需要我们更多思考。如果我们每个人都希望向一个卓越的方向发展，我们就要打好基础，而基础之一就是伦理。

第三，伦理敏感度。在工作过程中，我们需要非常敏感地意识到自己是否遇到了伦理问题。

（二）伦理守则介绍

首先是宗旨。宗旨是我们的伦理所遵从的最根本的理念。目前，在中国心理学会注册系统的伦理守则里，我们的称谓是“心理助理师”“心理师”，这是和《中华人民共和国精神卫生法》限定的范围直接相关的。

其次是核心理念和专业责任。守则的目标之一是提升心理治疗和心理咨询专业服务的水准，这里面提及了两个词：“心理治疗”与“心理咨询”。我们要清楚，我们是在心理咨询层面进行志愿服务，而不是在心理治疗层面，我们不具备做治疗的基本条件。此外，守则保障寻求专业服务者，即来访者的权益，以及我们自己的权益。

最后是伦理投诉和处理。在接到伦理投诉的情况下，伦理委员会根据了解的情况对投诉做出处理。

参照中国心理学会于2018年2月修订的《中国心理学会临床与咨询心理学工作伦理守则（第二版）》，伦理守则的总则包括了善行、责任、诚信、公正和尊重。这五个概念是我们作为心理工作者最基本的标准和原则。

第一，善行。心理师的工作是使寻求专业服务者从其专业服务中获益。心理师应保障寻求专业服务者的权利，努力使其得到适当的服务并避免伤害。因此，善行不只是做好事，更要考虑到我们在为他人服务时使其避免伤害，这很重要。

第二，责任。心理师在工作中应保持其服务的专业水准，认清自己的专业、伦理及法律责任，维护专业信誉，并承担相应的社会责任。我们不只是在进行专业工作，也是在承担非常重要的社会责任。在心灵花园心理援助工作中所面对的是特殊儿童群体，就需要更加重视这些基本原则。

第三，诚信。心理师在工作中应做到诚实守信，在临床实践、研究及发表、教学工作以及各类媒体的宣传推广中保持真实性。

第四，公正。心理师应公平、公正地对待与自己专业相关的工作及人员，采取谨慎的态度防止自己潜在的偏见、能力局限、技术限制等导致的不适当行为。

第五，尊重。心理师应尊重每位寻求专业服务者，尊重其隐私权、保密性和自我决定的权利。尊重在心理援助服务工作中是需要特别注意的内容之一。

（三）咨询关系问题

在实际的心理援助工作中，咨询关系是一种非常特殊的关系，它既不是所有其他的关系，又涵盖了所有其他关系。其中最重要的原则和目的是促进儿童的心理成长和发展。因此，我们开展的心理援助工作的服务内容能够区别于其他任何行业，它涉及一个人的心理的成长和发展。

❶ 尊重和平等

尊重与平等是在心理援助工作中比较容易被忽视的问题，比如性取向问题、身体状况问题。举例来说，在心灵花园工作站里经常遇到有严重躯体障碍的儿童，此时，我们不能有任何歧视，这是作为咨询师的第一要义。

❷ 多元文化

对多元文化保持中立性，尊重来访者，包括其立场、观点、价值观等。在实际工作中要充分了解不同地区的地域文化，包括少数民族的文化风俗。

❸ 剥削

不得利用对方对自己的信任和依赖剥削对方，为自己或第三方谋取利益。这是很多咨询师容易遇到的问题，有时候是咨询师自己需要和依赖来访者，没有给予来访者真正的帮助，而进行某种意义上的剥削了。

④ 多重关系

在心灵花园公益项目专业成长体系中，志愿者进入个人体验或是督导之后，常常会出现老师比较少、学员比较多的情况。避免多重关系真正的目的是保证咨询关系界限明晰和保护来访者的安全。如果咨询关系界限不清，可能会影响自己的专业判断力，无法分辨核心问题，容易将自己的情感卷入工作中，对来访者造成危害。

⑤ 来访者和咨询师的关系

基于心灵花园公益项目目标工作群体的特点，心灵花园公益项目志愿服务工作比一般心理咨询要更容易引起强烈的情感卷入，甚至会使我们超越界限和专业设置，急于与孩子紧密联结。因此，志愿者在正式结束志愿服务工作后，至少3年不能与其曾服务的儿童发展其他任何形式的亲密关系。此外，在专业设置之外，志愿者不能与其服务的儿童有其他的非专业的关系。否则，作为咨询师会很难保持中立，来访者也会失去安全感。

⑥ 不得随意终止工作

心灵花园公益项目志愿服务工作面对的儿童因为自身成长经历而对关系非常敏感。所以，在工作之前要让儿童了解整个工作周期。如果在工作过程中因不可抗因素导致工作中断，要提前一个月做好与儿童分离工作，包括与儿童所在的福利机构工作人员交接。我们需要认识到，任何一项工作的中断都会造成影响，甚至伤害。

⑦ 专业胜任力

以儿童利益最大化为原则，我们需要志愿者具有足够的专业胜任力，如果不具备专业胜任力，志愿服务工作过程中可能会出现很多问题。这对所有一线志愿者都非常重要，即使是刚入门的初学者，也需要严格参与课程及督导学习，包括自我体验和成长，避免因专业胜任力不足而造成负面影响。

⑧ 知情同意

虽然工作对象是儿童，但我们同样需要向他们清晰告知我们的专业资质、能力等方面的内容，这有利于建立信任关系。也需要让获得帮助的机构了解我们的背景、能力水平等信息。同时，我们也要对工作对象的信息进行必要的了解，比如我们服务的机构困境儿童，除了接受我们对其开展的心理辅导之外，也可能同时在接受其他的志愿服务或心理健康服务的帮助。了解这些信息是为了能够更好地提供帮助，避免出现冲突，对机构困境儿童造成不利影响。

⑨ 保密例外

在极其特殊的情况下，比如来访者有伤害自身或者伤害他人的危险时，未成年人有受到侵犯或者虐待的可能性时，尤其是触及法律规定的相关问题时，就需要突破保密的原则。平常咨询师需要向家长、学校等相关人员通报信息，对于我们面对的机构困境儿童来说，则需要向福利机构通报信息。同时，一线志愿者在遇到保密例外的情况下可寻求督导或者帮助，需要注意以下几点。

①按照最低限度原则披露有关信息，尽可能不暴露来访者的隐私。这是真正需要去反思的地方，如果福利机构的工作人员要了解我们与孩子工作的信息，我们要思考哪些信息是可以告知的。

②不提供特别具体的信息，尤其是关于儿童的内心想法，可以抽象地、原则性地提供信息。我们披露信息的目的是让工作人员清楚如何才能更好地帮助到这个孩子。

③要衡量别人出于何种目的来了解情况。如果这个目的对儿童有损

害，或者对儿童的隐私权有危害，则需要严格保密儿童的信息。

④不能把工作记录公布到媒体上，对这些资料的保护是极其重要的。

⑩ 专业督导

心灵花园公益项目中的个案很特殊，福利机构非常注重保护儿童的隐私，志愿服务工作中可能很难了解到儿童太多具体信息。志愿者要明晰，当专业胜任力不够时，是无法担负起专业责任的。因此，系统、专业的学习和督导在志愿服务过程中是非常重要的环节，也是必不可少的部分。在专业督导的同时，可组织朋辈督导小组，这对个人专业成长非常有帮助。

⑪ 自我保健

自我保健包括自己的生理健康和心理健康方面，志愿者如果带“病”工作，无论这“病”是生理还是心理的问题，都无法保持十分中立、客观的态度，这种情形可能会对儿童造成伤害。如果遇到此类问题，需要限制、中断，甚至是停止工作。

⑫ 评估和诊断

做个案时，我们在最初就要进行评估：这个来访者到底属于哪方面的问题？我们在什么水平上跟来访者进行工作？如果不在我们能力范围之内，我们需要用什么方式帮助来访者？评估和诊断不准确，会对来访者产生很大的影响。当然，评估有利和弊。好处就是可以清楚存在的问题，并有针对性地治疗；坏处在于它负面的影响和它所带来的心理压力。另外，若来访者已经被诊断出某种心理问题，我们也需要以我们的能力重新做一个评估，制订工作规则，因为并非所有的诊断都是准确的。需要注意的是，我们不要轻易地把诊断和评估的结果告知来访者，尤其是不要让他们认识的人知道。评估与诊断需要具备相应的能力才可以去做，因此需要进行专门的学习。

⑬ 特殊环境与情况的伦理

在儿童心理援助工作中会遇到特殊的伦理困境甚至悖论，需要非常慎重地对待。志愿者会阅读一些专业伦理方面的书籍，里面有专门针对团体咨询、家庭咨询、未成年人咨询、学校咨询等特殊环境或者特殊情况下咨询的伦理问题，并且有非常多的案例作参考。

此外，心灵花园公益项目沙盘游戏实践工作严格遵照国际沙盘游戏治疗学会的伦理准则（详见附录1）。

七、心灵花园工作站的档案管理

（一）心灵花园工作站档案管理的重要意义

❶ 使心理陪伴工作具有针对性和有效性

心理咨询档案能够反映儿童个体的心理发展现状、特点及规律。通过查阅心理咨询档案，我们能更清晰地了解孩子的心灵发展历程，这有助于确立恰当的心理援助目标、选择合适的工作方法，从而提高心理陪伴工作的针对性和有效性。

❷ 见证儿童个体的发展

档案作为一种真实性凭证，能够客观、公正地记录事实。档案中除了文字资料外，还有照片、音频和视频等，这些都是极具参考性、纪实性的珍贵资料。这些资料记录了儿童的心灵发展历程，见证着儿童个体的发展。

❸ 有助于加强与福利机构的合作与沟通

档案的组织与管理部分记录着心灵花园工作站与福利机构合作开展的

工作内容，是心灵花园工作站与福利机构合作的真实记载。这些记录对于下一年的工作极具参考价值，为下一年的工作提供了工作经验和依据，有助于加强与福利机构的合作与沟通。

❹ 有助于提高志愿者心理陪伴的质量

档案管理是考评心灵花园工作站工作情况的重要依据。心理档案不仅记录着儿童的心灵发展历程，也记录着志愿者的工作状况。定期的回顾、反思、总结，有助于促进志愿者的专业水平和技能提高，提升志愿者心理陪伴的质量。

（二）心灵花园工作站的档案管理内容

❶ 组织与管理

这个部分主要由心灵花园工作站负责人和福利机构联系人完成。在收集完毕原始材料后，经过归纳、整理，清晰地展示工作站全年工作的细节。该部分包含了以下内容：福利机构的心理健康教育工作领导小组成员名单，每年心理健康教育工作计划，工作站志愿者管理章程，项目组每年的计划与安排，志愿者人员基本情况，重要的心理课程教案，工作站重要活动记录，工作站各种活动的音像资料，以及各种媒体对心灵花园工作站的相关宣传报道。

❷ 个体（团体）记录整理

心理陪伴工作分为个体和团体两种类型。该部分以工作时间顺序（跨年度则纳入来年工作内容）进行记录，主要由开展陪伴工作的志愿者完成。

工作站心理咨询档案由（工作站和福利机构的）专人保管。保管人员需恪守档案的保密性原则，不得随意向他人公布相关内容，防止儿童的隐私泄露。日常管理中要保证资料的干净、整齐、排列有序，以便查找。同时确保资料安全，避免损毁甚至丢失，要保证档案的完整性。

（三）心理咨询档案的主要内容

个体心理咨询包含申请与接案、问题评估、制订计划、开展心理陪伴工作、联动福利机构、咨询后期的结案六个阶段，每个阶段各有其工作重点，又相互连接，构成了一个有机的整体。心理咨询档案详细地记录了不同阶段的工作内容及工作重心，展示了心理陪伴工作的具体实施过程。下面以一份心理咨询档案为例，对其组成部分进行介绍。

档案的封面由心灵花园工作站的名称、心灵花园工作站的标志、咨询资料（咨询时间、咨询人、咨询师及咨询编号）三部分组成。

❶ 申请与接案阶段

福利机构的孩子申请心理陪伴的原因各式各样，有的是希望得到帮助，有的是出于好奇，有的甚至并非主动、自愿申请，而是管理人员让他来的。因此，对于前来寻求帮助的申请者，要用心倾听他们的诉求，了解他们的愿望并进行简要评估，确定是否可以给予帮助。如果他们确实需要帮助，需及时提醒福利机构的工作人员协助收集申请所需的必备信息。

❷ 问题评估阶段

沙盘游戏个案记录表具体包含来访者基本情况、来访原因、主要经历、机构工作人员建议等。咨询师通常会从横向（问题形成的影响因素：生理、心理和社会）和纵向（童年经历、问题发展和变化的过程等）进行分析，以便对孩子存在的问题进行准确的评估。面谈也是一种有效的评估方式。除此之外，咨询师也可以通过孩子的绘画、手工艺作品等对其进行分析，又或是选择合适的测量工具达到评估目的。

③ 制订计划阶段

根据儿童的具体情况及存在的问题，在共同商讨后，确立恰当的心理援助目标并选择合适的工作方法，有针对性地解决问题。为了明确责任和义务，也为了增强儿童的改变动力，需要与儿童签订咨询协议，督促儿童积极配合心理陪伴工作。协议内容包括甲方和乙方的责任、心理咨询方式以及咨询效果等。服务协议的形式视实际情况而定，可以采用书面或口头形式，书面材料要附上双方签名。

④ 开展心理陪伴工作阶段

根据福利机构儿童的心理特点，心灵花园工作站采用以沙盘游戏为主的表达性艺术咨询技术开展心理陪伴工作。志愿者咨询师以陪伴者的身份，借助专业知识，调动儿童的自身资源，发挥其潜在的能力，减轻儿童的心理焦虑并促进他们积极改变。在陪伴的过程中，咨询师与儿童维持合作关系非常重要。良好的合作关系不仅能让儿童更配合，而且对陪伴效果发挥着重要的作用。因此，咨询师在与儿童相处时，要做到接纳、尊重和真诚，要理解儿童的困难。咨询师的关注重点不是问题本身，而是心理问题背后儿童的发展需求。在开展沙盘游戏的过程中，咨询师要无条件地尊重儿童的价值，相信他们是可以改变的。咨询师要保持真诚、开放的态度，愿意与儿童交流，分享自己的真实感受。

采用心灵花园工作站心理咨询记录表（个案评估记录表、个案工作内容记录表）对咨询过程进行详细的记录。内容包括来访者的基本情况、初始印象、来访原因、成长背景、评估分析（包括对投射测验和量表的解读分析）、咨询目标（共同商定），以及每次陪伴的主要工作内容，其中包括简要的沙盘制作过程、分享内容、对作品的分析理解等，后面附沙盘的照片（2～3张）。

⑤ 联动福利机构阶段

该阶段的工作重心是与福利机构保持良好的联系，密切关注儿童在现实中的变化，做到定期走访抚养者和负责老师。清楚、及时地了解儿童的人际关系、情绪和情感表达、日常生活中的表现，为儿童的改变提供心理支持，以适应儿童的成长需求。

⑥ 咨询后期的结案阶段

该阶段的工作重心是结案工作的商讨。

儿童在面临咨询结束时，都会存在不同程度的矛盾心理。因此，咨询师需要帮助儿童做好准备，顺利开展结案工作。可以通过巩固儿童在咨询过程中获得的进步和改变，一同探讨影响问题解决的因素等，为儿童在结案后能够独立面对问题做好准备。结案形式有以下三种：一是直接告知服务对象，在最后一次面谈中与其进行商讨，告知对方即将结束咨询工作；二是延长服务间隔时间，根据实际情况，从一周一次转变为两周一次，或者一月一次来结束工作；三是变化服务形式，从直接面谈转为电话咨询，或者通过网络交流。

结案表主要内容包括结案原因、福利机构及来访者自己的评价、咨询师的评估。结案原因包括：①来访者认为辅导目标完成；②问题虽然没有解决，但是来访者已经拥有解决问题的能力；③合作关系不和谐，来访者单方面希望结束工作；④来访者出现了一些新的问题，需要去其他的服务机构解决；⑤由不可预测的原因导致的服务结束。最后加上封底，按不同个案开展工作的时间顺序装订，负责人审阅归档并做好登记，便形成了一份完整的心理咨询档案。

团体心理咨询大体上与个案相同。基本步骤为：儿童提出申请、福利机构推荐、咨询师筛选、评估成员状况（可结合量表和投射测验）、制订计划、开展具体工作、定期走访、分离处理和结案。沙盘游戏的过程由咨询师根据儿童的实际情况设计。记录内容包括具体的沙具摆放及非言语内容、小组分享讨论内容、咨询师的理解与分析。每张表格后要附小组沙盘照片。团体沙盘游戏小组通常以一学期或一学年为时限，6次沙盘游戏后会安排走访，结案前会进行3次分离处理。

八、福利机构工作人员的心理保健

（一）福利机构工作人员的特殊心理状态：个人情感与职业情感相互交织

❶ 个人情感与职业情感

个人情感即个人与家庭成员、朋友等在交往过程中产生的情感。其中的正向情感能够让我们处于一个有能量的状态中，譬如我们可能会感到开心、愉悦、信任、感激等。而其中的负向部分，譬如，当我们遇到一些事情或人时，产生的痛苦、厌恶、憎恨、嫉妒、怜悯等情绪，会在一定时间里产生消极的作用，影响个人的生活。

职业情感包括职业荣誉感、责任感、敬业、乐业等。当以职业情感为主导时，我们可以更多地从社会环境、文化背景的角度去看待问题。比如，福利机构的工作人员的服务对象是困境儿童，社会把困境儿童比作折翼的天使，照顾者则是他们的守护者。工作人员在面对这些儿童的时候，能体会到自身的价值及意义。

❷ 个人情感与职业情感的交织与区分

福利机构的工作人员与普通人不同，因为普通人没有太多机会接触这些被抛弃或是父母无力抚养的，兼或身体有残疾的、心灵遭受巨大创伤的孩子，而他们会与这样一群孩子朝夕相处。伤痛与残疾本身非常容易激起人们内在的焦虑和恐惧；特别地，在福利机构中还不时会遇到一些孩子因重大疾病而存活艰难的情况，他们更难以避免地会产生由死亡带来的深刻的焦虑和恐惧。而很多时候，他们并不能够很好地分辨这种焦虑和恐惧来自何处，甚至并没有明确感知其存在，只能感觉到自己对某些事（往往就是引起焦虑和恐惧的事件）有着改变的愿望和渴求，并将其感知为由外界事件引起的需求。

福利机构的工作人员长期在容易激起个人情感，尤其是个人内隐情感的环境下工作，由于个人情感被触动，个人情感与职业情感交织在一起，并不容易区分和应对，由此工作人员会有一定的额外情感负担。

鉴于福利机构工作的特殊性，减少个人情感的卷入，保持适宜的职业情感才更有益于孩子们的发展。切忌个人情感导致的黏着关系，这会使孩子没有办法适应新的关系，所产生的分离焦虑可能在孩子身上叠加一层新的创伤，对他们的身心发展产生不利影响。

对于工作人员而言，还需要处理好个人生活角色和工作角色的转换。福利机构中，女性教职工占比较大，而女性往往拥有更丰富的情感，因此，当面临生活和工作中的角色转换时，她们更容易面对冲突。譬如，不少福利机构的工作人员有自己的孩子，而女性工作人员在和福利机构的孩子相处时，常常对孩子们的许多情绪、情感感同身受，尤其是面对困境儿童时，常常能非常深刻地体会到他们的伤痛。

（二）男性与女性心灵结构的心理学意义

❶ 男性的心灵结构

具体来说，首先是父亲。他常常拥有一种权威的态度，他为孩子制订规矩，教育与协助孩子适应社会规则。其次是英雄。每个孩子心里都有一位英雄，并且常常想象自己就是他，像他那样做事。内化英雄意象，往往带给孩子强大的内在力量。最后是永恒少年。永恒少年充满了幻想、闯劲，拥有一颗年轻之心。在心理咨询的过程中发现，很多家庭中的父亲正处于永恒少年的状态。比如，他已经三四十岁、四五十岁了，自己的孩子很大了，但是他仍然贪玩、淘气。对于心智水平偏低的孩子，永恒少年的形象非常有用，他们会把这样的工作人员或志愿者当作伙伴，当你通过伙伴关系使他们信服后再立规矩，他们常常非常乐于遵守。

❷ 女性的心灵结构

女性的气质里常常包含了灵性、母性，她们是温暖、宽容、敏感并具有直觉力的，她们对情感的需求更多。具体来说，首先是母亲。她像观音，温暖、宽容、抱持、慈祥。然后是战士，每个女性心里都住着一位女战士，当她需要解决一些问题和困难的时候，女战士形象将赋予她勇气与战斗的力量。最后是灵媒［medial woman，或译作灵性的女人，见《女性心理的结构类型》（*Structural Forms of the Feminine Psyche*），作者托尼·伍尔夫］。女人的第六感远远强于男人，女人常常非常敏锐、具有直觉力。

（三）生活和工作中不同心灵角色的调配

在日常生活中如何调配内心的这些角色呢？对于男性，他可能是家庭的儿子、丈夫、父亲，还可能是职场的领导或职员。当需要他表现得有力量、有权威的时候，他可以让英雄角色站出来；当他跟孩子一起玩耍的时候，他可以让永恒少年角色跳出来。女性在角色转换方面可能更容易出现冲突，因为她们的情感比较丰富，面对困境儿童常常能非常深切地体会到他们的伤痛。例如，曾有福利机构的老师说，有一个孩子患了眼疾将要失明，她感到心痛，希望志愿者能为这个孩子工作。老师的职业情感可能唤起个人的、本能的情感，有时对老师来说十分沉重。福利机构的一线工作人员真的非常不容易，有些情感难以隔离或感受不到。因此，福利机构的工作人员需要训练自己的职业态度，告诉自己：我的工作对象就是这种类型的孩子，他们没有父母在身边，没有爷爷、奶奶的呵护，他们的处境就是这样。面对这样的工作，面对这样的孩子，我正尽己所能，同时，我身后还有强大的支持体系——福利机构、政府及国家。因此，我要学会把对困境儿童的怜悯之情适度放下，将他们放到其自身的成长历程中去，放到整个大的环境、文化中去。他们生活在福利机构，背后有政府以及国家支持他们，有社会爱心人士和志愿团队帮助他们，每一位困境儿童都不是孤立的个体，他们每一天的成长都有着不同程度的陪伴与关怀。

有些工作人员即使还没有结婚或生孩子，也非常容易被福利机构的孩子看作家庭成员，被叫作“爸爸”“妈妈”。孩子们希望与工作人员建立关系，拥有自己的家庭成员。但是，工作人员要分清楚，这是工作，他们并非就是你的孩子。当个人的、本能的情感被唤醒时，工作人员很可能就会失去客观判断能力，进而影响工作。如果你过度卷入其中，孩子们总对你有所期待，一旦你离开了福利机构，或更换服务对象，孩子们的希望就会落空。和困境儿童们建立一段亲密关系非常难，而分离一段亲密关系同样非常难。对于工作人员而言，孩子对你信任、依赖、亲切可能让你感觉被需要，让你感觉良好，但是这对孩子来说并非好事，孩子终将认清他们的处境。

第五章

心理分析与沙盘游戏的实践研究

在福利机构进行沙盘游戏实践的同时，我们展开了一系列关于福利机构儿童心理发展的研究，探讨了困境儿童心理问题的现状与特征，以及影响福利机构困境儿童发展的因素，进行了困境儿童在人格发展、社会性、心理行为问题等方面的比较性研究，以及使用沙盘游戏对福利机构困境儿童心理问题进行干预的效果研究、福利机构环境下的干预式婴儿观察研究等。通过这些研究，我们可以看到，沙盘游戏对于改善和疗愈困境儿童的心灵具有积极作用，这些研究为改善福利机构困境儿童心理健康状况提出相关建议，并提供专业支持，也积极探索了帮助困境儿童改善心理健康的有效方式。

一、干预式婴儿观察研究

3岁以前的婴幼儿期，是人一生中脑重量、身高、体重、语言功能、认知功能等发展最快、最重要的时期。这一时期，大脑的可塑性和代偿能力都非常强。俗话说“三岁定八十”，教育学和心理学研究也发现，到了3岁，个体人格发展的基础就已经基本成形了，合理、科学地利用婴幼儿的敏感期能够奠定其完善人格发展的良好基础。对于困境儿童，特别是先天病残的儿童来说，积极开展早期干预工作，是促进他们更好发展的有效途径。

早期干预，即尽可能地在残障儿童年龄较小（从出生到学龄前）时或在可能导致残障的疾病发生的早期，就有组织、有目的地开展环境丰富（提供刺激）的教育康复训练活动，兼顾他们的医疗、保健、心理治疗和社会支持辅导，以促进其发展，为其日后能更好地接受教育打下基础。

随着儿童福利事业的不断深化发展，对病残困境儿童的早期干预越来越得到重视，但由于缺乏专门的、深入的研究，该项工作从理论指导到实践操作均显薄弱。从2013年开始，心灵花园公益项目从心理学的专业角度，在儿童福利机构内开展了针对婴幼儿的干预式观察的相关研究，在实施婴儿观察的同时给予早期干预，即适当地、科学地给予这些婴幼儿早期教育和干预措施。

这一研究以“促进孩子健康成长，最终回归社会”为大前提，针对在机构集中养育环境下的婴幼儿，以心理学的专业视角和方式、方法开展婴儿观察和早期干预。基于机构已有的环境与资源，促进其从设备设施、作息制度、管理工作等多个层面做出调适，提升照护服务水平，实现最大限度地支持婴幼儿身心成长的主要目标。

首先，研究通过科学的婴儿观察方法——用有意义的方式来看和听，理解及诠释福利机构婴幼儿的行为特点，运用合理的早期干预措施，与婴幼儿进行科学、有效的互动，并促进他们的生长和发展。其次，研究还通过转变照顾者的工作理念，开展婴幼儿心理健康知识和互动方法学习，协助制定照料准则，支持婴幼儿照顾者们留意、理解、接纳、回应婴幼儿的行为与情绪状态，来整体提升机构婴幼儿照护服务水平，进而构建具有示范效应的专业化、规范化的福利机构婴幼儿照护服务体系。

❶ 干预式婴儿观察工作

婴儿观察工作最大的特征之一就在于它是基于当下的。观察者需要采用非侵入性的方法，确保不干扰婴儿的正常活动和生活节奏。在意识表达和行为交流之间，在婴儿和照顾者无意识的交流之间，以及在不同照顾者/家庭成员与观察者之间，观察者利用专业的心理学知识，试图去理解发生在观察中的相互交错的场景。对观察者来说，深入理解婴儿观察研究方法以及将其应用在婴儿、儿童、青少年和成人分析上，是需要耗费大量时间的。但这种方法一旦被理解和整合了，观察者就能获得对于个人分析和身份认同必不可少的经验。在对婴儿开展干预式观察的过程中，婴儿与照顾者原初关系中依恋、自我和认同的出现，让我们对文化和创伤的传递有了更深刻的理解。

研究中实施的干预式婴儿观察，是在婴儿观察技术的基础上，结合机构养育的实际情况进行干预式婴儿观察，即对婴儿进行观察期间，同时给予婴儿一般性照料，并注重其感知能力、动作能力和语言能力的发展。

一般性照料指类似于福利机构保育员的看护工作，如穿衣、喂奶、修指甲、抱持等。感知能力的发展，一方面是指观察者利用玩具，如学步玩具、多功能音乐盒、电子琴、击鼓玩具等，发展婴儿视觉、听觉、触觉等感知能力；另一方面是指观察者通过和婴儿的互动，促进婴儿感知能力，如面孔识别、眼神交流、情感表达等的发展。运动能力的发展指在观察婴儿的过程中，着重发展其手脚及身体的动作能力，有意识地锻炼婴儿的握物、爬行、侧身、翻身、独坐等的能力。语言能力的发展指观察者在观察过程中注重与婴儿进行口头语言的交流，如对其说话、唱歌、讲故事等。观察婴儿的过程则是指观察者提供一个抱持空间或涵育空间来容纳婴儿的需求，并同时关注自己内心的反应。等待能够为抱持空间的出现提供可能，这会成为一面镜子，在这个过程中需要督导、个人分析和自我觉察。

孩子都有一种天生的要跟人建立联系的需求。有时候我们不知道为什么会被孩子吸引，可能是无意识层面的交流所致，或是孩子无意识中发出了某种信号吸引我们。在交流过程中，感情交流相当重要，同时我们也需要注重自身的感受，如果没有感受，观察者、照顾者和婴儿这三个人是无法联结的。

对于单纯的婴儿观察来说，观察者要在房间里找到一个感到舒服的位置，在这里会存在一种张力，让观察者既能观察，也想去跟孩子交流。但观察者需要在空间上与孩子保持一定的距离，创造一个过渡空间，为移情和反移情的出现提供条件，并对此进行思考和分析。虽然观察者不会先跟孩子交流，但若孩子过来，他是可以回应的。观察者不会主动进行刺激，也不会干扰孩子与照顾者的关系，而是保持接受的态度。作为观察者，不仅要关注在孩子身上发生的事情，也要关注自己内心，这也是需要保持距离的原因。有时，在观察中保持距离很困难，因为大家会很想去安慰孩子，但却不能这么做。作为观察者，要保持住这种张力，以免扰乱孩子心中正在发生的情感，我们要观察孩子对分离、失去的自然反应。而在干预式观察中，观察者和孩子的距离更近，和孩子有一定的联结，这种联结会成为孩子心中情感的一小部分。观察者作为介入的干预者、照顾者时，更需要关注孩子和自己的感受，并对感受做更细致的观察、分析和理解。因此，对于这时的观察者而言，接受督导很重要，这可以帮助我们区分什么是我，什么是我感受到的，什么是转移给我的，什么是我自己的，什么是反移情的……

在观察和干预中，不能急于做出判断并下结论，要从多种视角去理解问题，包括孩子的视角、照顾者的视角，还有观察/干预/介入者的视角，要区分清楚各种感受的来源、成因。观察者需要保持一种抱持的心态，这种心态可能会让情况有所好转，使干预更顺利地实施，以及更有成效。

下文中，我们将从节选的观察者工作手记里看到，在实际的干预式观察中所呈现出来的上述特点。

2 干预式婴儿观察工作的开展流程

第一环节：组建婴儿观察小组，创设心理环境。

组建一支6人婴儿观察小组，每位小组成员将对一名婴幼儿进行为期一年的持续性观察。观察活动每周进行一次，每次持续半天。观察小组首先针对机构养育的婴幼儿的实际情况、所处年龄阶段的心理关键期，以及婴幼儿与照顾者的关系，明确观察焦点，之后正式开始婴儿观察工作。在观察工作开展的同时，通过观察记录、教师访谈等方式，对机构养育婴幼儿的起居安排和照护情况进行全面了解与客观分析，找出其中存在的问题和问题产生的原因，并探讨可采取的策略方向。

第二环节：早期干预和照顾者培训相结合，双管齐下。

如前所言，观察者是实施早期干预的力量之一，在观察的同时，观察者给予婴幼儿一般性的照料，并着重其感知能力、运动能力和语言能力的发展。此外，项目组针对婴幼儿照顾者开展培训，内容包括婴幼儿照护理念提升、婴幼儿发展心理学相关知识学习、婴幼儿有效互动实操培训等，并根据有关理论和福利机构的实际条件，制定婴幼儿照护准则，作为之后开展照护工作的参照和指引。同时研究开发婴幼儿活动课程，让照顾者带领婴幼儿参与其中，进行感官刺激（如讲故事、图像、音乐、声音、触摸）与心理发展（如后期我们团队进行的“爱·拥抱”活动，通过拥抱、陪伴、肌肤抚触，帮助0~3岁婴幼儿修复依恋关系）。

第三环节：做好资料收集、整理，开展阶段性评估。

首先，在观察与干预过程中，婴幼儿观察工作中的影像资料非常宝贵，这些资料既是孩子的成长记录，也是工作成效的分析及佐证材料，更可以成为照顾者培训时的优质资源。其次，观察时形成的其他材料，如观察者笔记、文字分析等，都是研究、分析、评价和总结的依据。材料的收集与整理贯穿整个研究过程。最后，依据这些材料，分析并形成照护服务体系。此外，还按计划实施了分阶段的实验组和对照组的后测对比，以验证方案的干预成效与影响机制。

❸ 干预式婴儿观察工作个案展示：观察者手记

案例一：共同成长——婴儿观察记录。

观察者：阳洋；接受观察幼儿：欣欣（化名）。

我们的“初相遇”

欣欣，女孩儿，接受观察时15个月大，中度地中海贫血。我对她的第一印象是暗黄的皮肤，两颗黑葡萄似的眼睛总是朝活动室张望，还有她那不爱笑却总在“耍酷”的表情。

我们的第一次见面并不是很顺利。当我伸手抱她在怀时，她挣扎着拒绝我。那时，确实令我有些受挫。我太心急了？她是拒绝陌生人？还是她只是不喜欢我而已？这些疑惑在脑海里挥之不去。但也有另一个声音告诉我，欣欣还是不错的，她依然有着同龄人对陌生人一样的态度，有着选择依恋对象的心理状态。哭泣是一种正常的表达方式，无论怎么样，在这个特殊的环境里，这种行为依旧是一个积极的征兆。

（1）移情与反移情

我们所进行的“干预式婴儿观察”与塔维斯托克倡导的“婴儿观察”有些差异，最大的区别在于观察者不再是纯粹的“观察者”，而是可以更多切身体验到照料者（父母、祖父母）与婴儿之间的亲子关系的人，这是一种特殊关系。

就观察者本身而言，他们投入大量时间对婴儿进行干预式观察，不仅能够学习早年的情绪发展（真正婴儿的情绪发展），同时也从自己对观察的反应中学习。后者是指观察者在进行观察时，如何在关系中找到安置自己的位置，观察者对婴儿的照料者（父母、祖父母）的认同程度对观察活动的影响，对在观察过程中感受到的焦虑、不确定感和大量的无助有什么样的反应，以及观察带来的情绪震撼如何揭露观察者的个人问题，等等，这些都是值得去思考的。

另外，整个观察过程中的互动也会受到反移情的强烈影响。起初，因为欣欣本身有些饮食困难，如何喂奶、怎样的姿势会让她舒服，以及吃辅食之后她对食物的态度等，观察者自身的情绪状态渗透进这些细节之中。观察者会感觉自己被拉进一个情绪强烈的场域，暴露在强烈的情感中，努力挣扎着维持自己的平衡和完整的自我，不断地经历一些不熟悉的困惑和婴儿情绪。而观察者也会在这个过程中成长，也许这就是观察的意义所在。

（2）建立良好的依恋关系

温尼科特曾说过：“没有婴儿这回事。”也就是说，每当我们看到婴儿时，他们一定是和其母亲或者其他照料者在一起的。因此，照料者在照顾困境儿童的过程中具有举足轻重的意义。我们常常会发现一些孩子因为早期经历过创伤事件（如被父母抛弃）而出现不安全的依恋关系。这在温尼科特看来是婴儿采用退行的防御模式来抵御伤害。因此，照料者与孩子之间的关系显得尤其重要。如果二人建立起足够好的关系，儿童就可以在这种关系中自我修复，寻找到真实存在的意义。

在我还未介入观察前，欣欣总是独自一人躺在活动室地板上，将玩具放在嘴里，偶尔好奇地观察着活动室的状况。她总是安静且乖巧、时常表现出“酷”的样子，因此很少有人去关注她。最重要的是，我在前两次对她的观察中发现，机械的前后摇摆行为也时有发生，这代表着欣欣存在着一种自闭倾向。因而，让欣欣与人建立长久而独特的依恋关系尤其重要。

如何让欣欣认识我，不再拒绝我呢？每周一次的观察安排为我们提供了特定时间的相处。这段时间是属于我们两个人的，通过儿歌的语言及节奏，以及后来加入的儿童早期阅读的方式，欣欣逐渐从最初漠视我、忽视我，到现在习惯待在我怀里，甚至会目送我离开。从第7次观察开始，欣欣便不再出现刻板的摇摆行为，她正一步一步地开始与客观世界建立联系。在观察过程中，我需要“将心比心”地去思考她的需要，恰当地对她所发出的或者未发出的信号做出回应。比如，当欣欣完全沉浸在和玩具玩乐的状态之中时，我不再立刻干预，而是观察她、等待她，最后当她需要我时，再给予拥抱或者其他回应。只有从她的需要出发，才能让她的世界变得快乐，建立的关系才会牢固。

（3）恰到好处的语言沐浴

语言是人类所拥有的一种奇妙能力。这种语言对婴儿是极具诱惑力的。我们在与孩子沟通时用得最多的也是语言。正如布莱恩所说，在母婴互动中，无论是什么时候，母亲都需要不断给予婴儿语言沐浴，如婴儿喝奶时、洗澡时，喜欢听着母亲的声音；睡觉时，渴望听着母亲唱的柔和的睡眠曲。无论哪个年龄段的儿童，他们都可以通过语言感受对方的情绪、情感。

在对欣欣进行干预式观察的过程中，我发现语言沐浴也有要求。不是每个人都可以无所限制地对孩子做语言沐浴。有一次，欣欣正在咬玩具，我想让她停止这个行为，于是就给她讲了很多话，结果她使劲地低下头，无论我怎么安抚她，她都不理我。后来再遇到这种情况时，我便拿另一个玩具给她，或唱儿歌，转移其注意力。因为，当孩子专注于某个物品时，她也许是快乐的，而观察者的语言和动作会完全打乱她的节奏。对她来讲，重要的不是语言沐浴，而是我能否给予其帮助，以及她需要什么我都能予以满足。我需要给她建立一个安全、舒适的基地，如此，她才会信任我。由此可以看出，适当的语言沐浴也是建立在理解、尊重孩子的基础上的。

（4）顺性而为，和谐互动

克莱因精神分析学派认为，婴儿诞生之时即具备能力体验并感受到自身的完整性，能注意到周围世界，特别是周围的人；该理论也主张新生儿在不同心理状态之间快速且不可预知地移动着。就像一些父母一样，他们会在不同时刻感觉到婴儿好像很不同，像居住在极其不同的世界里。

因而，观察者需要从孩子的角度出发，观察并按照孩子的节奏来展开互动游戏。

在与欣欣相处的过程中，我会尽量根据她的需要对行为进行干预。当我抱着欣欣站立时，她总爱蹦蹦跳跳，我也会跟随她的节奏，让她享受这个过程，以及接下来每次活动中都会有意识地让欣欣做站立、扶着行走的练习。由于身体素质较弱，欣欣很容易感觉到疲倦，而且腿部肌肉也似乎无法支撑她做持久的练习。值得惊喜的是，到目前为止，欣欣可以很好地站立了，偶尔会站立1～2秒，最重要的是她不再斜卧着看别人。目前，我们可以看到欣欣会主动拿玩具、夺回自己的玩具、拿勺子吃饭等积极行为。

案例二：与你同行——婴儿观察记录。

观察者：小娜；接受观察幼儿：小杰（化名）。

小杰，5个月大，运动发育迟缓，没有明显外形方面的异常。面相很有福气，嘴巴和眼睛都小小的，皮肤白白的，经常处于躺着的状态，还不会坐，应该会翻身（因为穿得厚，有好几次试着要翻身，但都没有翻过来），有人逗他的时候很爱笑，头习惯性往身体的右侧扭。对于5个月大的小杰来说，在未来一个月里建立起安全的依恋关系是相当重要的。

2014年1月10日

他很安静地平躺着，头偏向身体的右侧，眼睛一会儿往上看看，一会儿往前看看，我过去用手碰碰他的脸，与他说话，就会看到他的嘴巴不停嘬着，手臂胡乱摆动着，很容易就被逗笑。这些现象告诉我，这个孩子是开放的，愿意与外界沟通，能够主动寻求关注。

喝奶的时候，我把他横抱起来，他的眼睛没有看我，一直往他的左上方看，他吸吮的速度很快，中间也没有停歇，只一会儿的工夫就喝完了。对食物的贪恋是情感需求得不到满足的一种信号。我把手指放在他的手心里，他很敏感地握住了。我帮他来回伸展着胳膊，与他说话，对他笑，做夸张的表情，捏他的脸，这个过程中他一直抓着我的手，有时咧着嘴巴笑，眼睛眯成一条缝；有时嘴巴不停嘬着，像是在吸吮。这些动作可能是他对我的回应方式吧。我相信这种双向的沟通方式会对我们之间的情感联结起到促进的作用。后来，我在他旁边放些音乐，摸摸他的脸，来回翻弄他的身体，他会以笑来回应，他似乎很喜欢并享受有人在关注他。

初次观察发现，在没人的情况下，小杰会主动用眼睛去观察别人在做什么，并且用笑来引发他人关注。有人逗他的时候，可观察到他很多时候都会张嘴巴大笑，这也许就是小杰所发出的“寻求接近性”的讯号，他期待着与外界发生联系。另外，相对于被抱着，他似乎更乐意躺着。我抱着他对他讲话，抚触他时，他虽然不哭不闹，但也很少大笑；把他放在垫子上，让他自由自在躺着时，他与我的互动会更多。因为，我不是急于亲近和侵入小杰的安全空间，而是先从最表层的皮肤关系开始接近他，进而建立深层次的心理关系。我等待着变化的发生。

2014年1月13日

今天温度很低，阿姨抱着小杰从睡室走出来的时候非常迅速，慌慌张张地将孩子塞到我手里。看到小杰的时候，他的手藏在袖子里，穿得很厚，脸上有泪痕，眼睛里有眼屎，鼻孔也被鼻屎堵住了，呼吸声音很大，而且不怎么顺畅。他微张着嘴，好像喉咙里卡了点东西。我顿时觉得阿姨没有精心照顾他，不由得心疼起小杰来。

吃奶后没多久他就吐奶了，脖子里、衣服上都弄上了奶渍，他皱着眉头，嘴巴不停嘬着。我抱起他，在活动室里来回走了几圈，然后坐下来，让他坐在我腿上，用胳膊托着他，这时他挣扎着想要躺下去。

我递给他一个能够发声的玩具，他只是简单地推开了，倒是用手紧紧地抓住了我伸过去的手指，两条腿不停动弹着，另一只手也跃跃欲试，看着我的时候眼神很专注，嘴巴还不停活动着。我将他竖着托起来，站起来走走，能够观察到他的两脚乱踢，一只手往嘴巴里塞，另一只手有时还不停晃着，头通常都是往身体的右侧倾斜，眼睛很专注地觉察着周围的动静。小杰希望通过一切感官通道去接收外界的信息，婴儿生而具有一种对死亡的恐惧感，尤其是机构养育的婴儿，只有确认自己能感知到外界信息的时候，他才有种存在感。

在我看来，小杰对人是有强烈的依恋和交往的意愿的，这种主动的意愿对重建与外界的依恋关系具有相当重要的意义。

2014年2月25日

距上次看到小杰已经过去一个月了，回想起来，中间竟然很少有想到过他。今天看到小杰已经能够翻身了，虽然动作有些笨拙；也会坐了，虽然时间不会太长；也能够自己拿着奶瓶吃奶了。

这次来到活动室，孩子的哭叫声、工作人员相互交流的声音、各种东西相撞的声音等充斥着整个活动室，让人感到空间的拥挤与透不过气，而为数不多的几个工作人员乱中有序地各司其职。我又开始对孩子们生活在这种嘈杂的环境中感到无奈。小杰会不会也和我有同样的感受呢？也许他表达这种情绪的方式就是将自己弯成一个拱形。

这次看到他的时候，他目光炯炯地看着门口，感觉像是随时盯着门口发生的事情，也可能是期待着我们的到来。我走过去，他的头也随着我方位的移动扭过来。蹲下来之后，我把手伸向他，随即便得到了他的回应——握紧我的手，没有任何抵抗，我很容易就把他抱了起来。这同时也反映了在集体养育的环境下成长的孩子初级心理皮肤受到创伤，没有固定的依恋对象，很难与照料者建立起安全、稳定的依恋关系，只能以绝望过后妥协的姿态来与照料者建立关系，无论谁都行，这预示着在以后的人际关系中，孩子无法与人建立起固定的、深层次的关系，更多可能的关系只是表层的或肤浅的。

这次抱起小杰的第一感觉就是体重降低了，相对来讲个子长高了。这可能是因为，个体的内在能量促进个体成长发育时在寻找一个平衡，一种能力在发展，另一种就要相对停滞或发展速度放慢。

这次观察快要结束的时候，我需要把小杰放在一边去给另外一个孩子喂饭，这时他的情绪反应很强烈，表情凝重，身体扭动着，应该是不愿意被放下。于是我边喂饭边跟他说话，让他听到我的声音，表示我并没有离开，他停止了哭泣，开始翻身。这些都表示他在与我沟通，用他的方式来表达他的意思。我想，这也是希望所在。

2014年3月5日

广州3月份的天气有些湿冷，婴儿室早晨的工作环境给我的感觉有点儿粗糙和凌乱，有些孩子会因为没有及时吃到奶而大哭。

在人群中，我看到了肚皮贴着地面，双手撑地，眼睛瞪得很大的小杰，他随意地扭头关注着周围发生的事情。我抱起他，触碰他的脸，喊他的名字，他就会看着我笑。有人过来逗他，伸手递给他，小杰紧紧抓住了别人的手，并且对着人笑，但没有声音。

这次喝奶的时候，他并不那样急切，没有出现对食物的过度依赖。这次他依然将自己弯成一个拱形，通过查资料得知，这叫作“角弓反张”，是婴儿痉病的一种。基于之前的观察发现，婴儿室的几个阿姨都比较喜欢他，小杰也对她们比较关注，可以想见，小杰的“内部工作模式”还是相对安全与可信任的，因此我并不倾向于将上面的情况归结于次级心理皮肤功能的运用，但后来的信息让我对自己的这种想法产生了怀疑。

我们玩起了“躲猫猫”的游戏，我用毛巾遮住脸，然后拿开，反复几次，当我遮着脸时，他会主动去拿开我的毛巾，看到我的脸的一刹那他会很开心。从这里能够感受到，他已经有了关于动作与物体关系的认知。这也表明客体永久性的能力已初步发展了起来，这种能力的发展对重建依恋关系有很大的意义。

2014年3月12日

这次观察对我心灵有很大的触动，让我觉得自己不再仅仅是一个观察者，还扮演了母亲一样的角色。他的目光追逐着拿奶瓶的我，这一刻，我突然感觉，他就像一整天没见到母亲的孩子，等着母亲下班，尽情地表达着对母亲的想念与依赖。我相信我对母亲身份的认同对我们建立关系是有促进作用的。这次他喝奶的节奏也很均匀，两只手抓着奶嘴的部位，眼睛看着我，我们无声的眼神交流对小杰也是种滋养。

我竖着抱他，偶然间碰到他脖子下面的皮肤，他先是用惊讶的表情看着我，缩着脖子，好像很痒。后来，我用手指抚触他的胸口上部的皮肤，他很大声地笑，身体蠕动着，但并没有拒绝这种接触。这种皮肤的接触能够增进初级心理皮肤功能，可以使他容纳更多的情绪和来自外界的信息。

现在小杰对玩具开始有了探索的行为，他伸手够到玩具，就用嘴巴咬。小杰主动性的行为变得更加丰富，社交性的动作和表情也多了起来。他的另一个变化是把自己弯成拱形的动作减少了很多。

2014年3月19日

在躺着的几个孩子中间，有一个趴着的孩子，脑袋半秃，肚子着地，两腿上翘，两只手胡乱地抓着，放在垫子上，左半边脸贴着垫子，脸的下方是一汪口水，脸朝向身体的右方看，这就是今天我看到的小杰的状态。我没有立即去把他抱起来，而是转身去拿了条湿毛巾，用毛巾把他脸上、手上以及垫子上的口水擦干净，之后，才把他抱起来。他很被动地被我抱起来，舌头在嘴里乱动着，会做出吮吸的动作。

我拿着奶瓶喂他时，他吸吮的速度和节奏相对较快。后来，他和一个大孩子抢玩具。抢的过程中，小杰的两只手使劲儿握着玩具，那个孩子费了好大的力气才抢到玩具。我把他抱到镜子面前，让他看镜子里的我们。当看到镜子中的我在逗他时，他就扭过头来看真实的我，这可能表明，他已开始建构主体和客体之间的关系。

反思这次的观察，我有些负面情绪，对小杰的状况也有所担忧。

2014年3月26日

看到小杰的时候，他正被阿姨抱着整理衣服，这次给人的感觉很干净。我把他抱起来，他的手会去抓我的项链和头发，嘴里面发出“呜呜”“嗯嗯”之类的声音，有时他双手搂着我的脖子，趴在我的左肩上，无比亲密。小家伙儿也能够熟练翻身。相较之前，小杰表现出了更多的探索行为：他一只手扶着我的肩膀，另一只手伸下去触摸玩具，然后就会拍拍打打。我把他放在垫子上，在他面前放一个玩具，他的身体就会往前倾，去抓玩具，两只手拿了玩具往嘴巴里塞。这次他更加频繁地发出“呜呜”“嗯嗯”的声音，这也是最打动我的地方。

2014年4月2日

小杰已经8个月了，还没有长牙，阿姨们已经开始为小杰由吃奶到吃饭做过渡准备了。小杰在吃粥的时候会把舌头往外挑，基本上还是吸吮的动作，吃得并不那么顺利。喂饭的阿姨看起来比较喜欢小杰，一直在逗他，挠他痒痒，每次被挠过之后，小杰就会张开嘴巴，看着阿姨，好像在等待阿姨再一次逗玩。当阿姨摇头的时候小杰也会跟着摇头，我很欣喜地看到这种模仿性动作的发生。

小杰这次的变化也是明显的，他能够短暂地坐，在成人的帮扶下能够双腿用力支撑，双脚着地站立，有站的体验；他与成人的互动更加积极、主动，时常发出“嗯嗯”“啊啊”的声音。

2014年4月23日

小杰安静地躺在地上，其中一条腿抬着，眼睛瞪得很大，很机警，好像是在用各种感官来关注着周围发生的事情，感受着自己生存的这个世界，感知自己的存在。

小杰已经能够自己一个人拿着奶瓶吃奶，这一幕让我觉得又兴奋又心酸。在他旁边的一个大一点的孩子将小杰手中的奶瓶抢了过去，这时小杰就大哭了起来，很顺利地翻了个身，哭着看着离他很远的一些保育员，好像是在求助。这件事情让我察觉到，小杰的自我意识在增强，主体自我在慢慢发展。他把哭当作求助于成人的工具，表明他与他人之间建立起了较好的信任和依恋关系。

2014年5月14日

这次的观察对我个人来说是个转折点，我对小杰的认识有所变化。之前，我常觉得这个孩子是机构养育的孩子，是个有问题的孩子。而现在，我把小杰当作正常的孩子来看待，这种变化在无意识层面影响我们彼此之间关系的建立。

喂饭的时候小杰很配合，每次勺子到嘴边，他的嘴巴就会张开，但当饭碗离他比较远的时候，他就用手去抓，也会去抢别的小朋友手里的东西。

他的第一次翻身，第一次坐正，第一次站立，第一次爬行，第一次迈步，第一次发出辅音……都深深触动着我的内心。

2014年5月28日

小杰似乎一直保持着对物体的兴趣，没有成人照顾他的时候，他就一个人在玩具堆里玩儿，还会与其他小朋友抢玩具。那一刻，我突然觉得小家伙似乎学会了在集体环境中生存下去的技能。

我抱着他走到镜子面前，放下他，他用手抓着那个栏杆，身体不停地起立、蹲下，拍打着镜子，有时还会啃栏杆，他看着镜子中的自己，时不时咧着嘴巴笑。

我通过后来的几次观察发现，小杰很少发出声音，经常照顾她的阿姨也说："他很少哭，几乎不哭，我们都喜欢他。"我推测阿姨的这种想法，可能已经被小杰感受到，他知道怎样获得关注和喜欢，那就是"不哭"。

喂饭时，我俩面对面坐着，饭很烫，小家伙似乎等不及，不停向前倾着身子抓碗，相当主动。

2014年6月11日

小杰拿着玩具车，用手指指点点，还会拍拍车、用嘴巴咬车等。突然，车往前移动了一下，这使得小杰吓了一跳，他身体一哆嗦，开始抬起头看我，把手伸到我手里来。

这次观察中，突然有人提醒我小杰可能听力有问题，听到后，我先是惊讶地愣了几秒钟。后来照顾小杰生活的阿姨也说小杰可能听力有问题，但还没有经过医生确诊，我还是不太相信。回想以前的经历，小杰确实很少发出声音，这可能并不是因为别人给他的言语刺激少，而是他很难接收到声音的信息。通常情况下，小杰对外物很专注，总是用眼睛感知周围发生的事情，这可能就是因为想通过接收更多的视觉信息来补偿自己在听力方面接收信息的欠缺。

2014年6月18日

我一直对小杰有听力问题这件事情耿耿于怀，问了好几个阿姨，她们也都说，别人叫他，他是很少有反应的。有个女孩子说："小杰小时候睡觉时，我在他耳朵旁边喊他都喊不醒。"不知为什么，我一直在排斥一些证明小杰听力有问题的信息，包括上次我们做了一个现场测试，别人都看得出来小杰对声音反应不敏感，但我还是觉得应该没问题，找各种理由去否定。这是否在说明我无意识中不愿意接受一个有听力问题的小杰？但这次我还是有意识地在他看到我的情况下跟他说话、做表情，让他看到我说"妈妈"时的口型，希望小杰能通过更多的视觉信息来满足内在的需求。

2014年6月25日

进入活动室之后，我看到小杰和另一个小朋友坐在木马上玩。看到我们进来之后，小杰就停止了摇晃木马，眼睛盯着我们看，我对他笑、说话，尽量做出夸张的表情让他看得到。我们玩拍手的游戏，我顺着节奏拍小杰的手和他坐的木马，让小杰能够看到我说"拍拍"的口型，感受到我拍的节奏，我相信这对小杰应该是好的，这个过程也让我觉得无比轻松和愉快。吃饭的时候小杰和我的互动也比较多，他会故意咬着勺子，反复好几次，我装作拿不出，来回晃了晃勺子，他就看着我笑。

从5个月大到1岁，小杰从躺着到慢慢会翻身、会坐，能够很利索地爬，能够扶着东西站起来，再到现在在成人的帮助下能够顺利地行走；从之前对人很关注，到后来能够以人为"安全基地"，做出对物体的探索行为；从之前没有长牙，到后来慢慢长出三四颗牙齿；从只喝奶，到添加粥作为辅食，再到只吃粥；当然，也有之前觉得小杰听力是没问题的，到后来才慢慢发现他听力可能是有问题的；等等。在这个过程中，我为一系列点滴的变化而动容。这些变化不仅是小杰的，也是我的，从刚开始对他没太大感觉，甚至对他流的口水有些厌恶，到后来会担心他是否能被照顾好，会因为他拉肚子而心疼他，会因为别人拍他的脸而反感，会为他发出的每一个音节、迈出的每一步而欣喜……我们俩的双向情感交流在为小杰重建心理皮肤的同时，也重建了我的心理皮肤，让我体会到了接纳、等待与支持产生的力量。

二、表达性沙盘游戏的实践

2011年5月，国际沙盘游戏治疗学会前秘书长伊娃·帕蒂丝·肇嘉和国际分析心理学会前主席鲁伊基·肇嘉一起，对“心灵花园儿童心理援助工作”进行了为期十天的志愿服务专业工作总结，在这项活动之后发起并成立了“国际沙游工作协会”，将心灵花园公益项目的工作模式运用在国外类似的儿童心理援助项目中。如今，表达性沙盘游戏已被广泛地运用于亚洲、拉丁美洲以及南非的公共机构，为居住在贫民窟和难民营的儿童及成人，以及居住于人口密度很高的城郊地方的人，提供长期的帮助。以下为伊娃·帕蒂丝·肇嘉在心灵花园广州工作站督导时的总结和所呈现的个案。

迄今为止沙盘游戏已经被引入了幼儿园、学校和福利机构，即便是我们在这里所讲的指导原则，也不可能适用于所有个案。沙盘游戏的核心思想对和中国社会一样在快速变化的社会起到重要的补偿性作用。这个核心思想可以概括如下：游戏是儿童心理健康的必要组成部分，它既不需要技术也不需要教导，其目的是激励那些在特定的发展阶段被阻隔的孩子。如果他们在与成年人的稳定关系中进入了一个自由并受到保护的游戏空间，他们就能够自我治愈。任何儿童发展出的问题行为不但都有原因，而且是有目的的。它总是指向人与人之间的关系，而不只是物质利益。如果人们不了解这种目的而试图进行干预的话，所期待的改变就不会发生。

❶ 自由与受保护的空间被扰乱

“自由与受保护的空间”这个词由多拉·卡尔夫[1]自创，值得做深入解读，尤其是要避免只从字面理解。我们也把它称作“自由与受保护的抱持”[2]，这强调它不仅是某种物质的拓展，而且是一些在每次活动开始时都需要再次被创造的东西。这是沙盘游戏能实现其治疗功能的先决条件。也就是提供条件来允许沙盘工作者在不受外在预期、影响和判断的干扰下发现内在意象和心理状态，并将它们主观地表达出来。外在的干扰（比如一个陌生人意外地闯入沙盘游戏室）和内在的干扰（比如治疗师的注意力被主观情绪分散）相对应。儿童对后一种干扰或抑制的感觉非常敏感，却通常不能弄清准确的来源。下面的个案会对此作详细说明。众所周知，理解一个体系如何运作的最便捷的办法就是理解这个体系的个例。

2007年11月到2008年5月的六个月里，一组12个孩子参加了每周一次的表达性沙盘游戏。提供心理陪伴的志愿者是某大学心理系三年级的学生。这些学生作为一个团队定期讨论他们的笔记和完成后的沙盘照片，以及其中出现的问题。他们的行为和干预受到督导的持续指导。

在此讲述的事件发生在2008年5月，下文以伊娃·帕蒂丝·肇嘉视角讲述。我已经和学生们工作了一个星期，并且很快就要亲自去参观福利机构。我认为有个机会去看看学生们和孩子们工作时的情况很重要，因为只有在直接观察之后才能回答他们的许多问题。但是，我意识到我在沙盘活

① D. KALFF. Sandplay: a psychotherapeutic approach to the psyche [M]. Cloverdale, CA: Temenos Press, 2003.

② D.W.WINNICOTT. Playing and reality [M]. London: Tavistock Publications, 1971.

动时出现——尤其是作为一个非亚洲人——会对孩子们造成干扰。我原本相信预期的干扰可能会很小，因为我在非洲沙盘活动时出现就没有引起什么问题。但我忽略了这里的实际情况，不像在非洲，这里的小组活动已经以同样的形式进行了几个月，已经成为一种固定的仪式和孩子们信任的基础。

一位大学的院长把我的出席当作他和他的两个学生参加治疗活动的机会，这使事情变得更糟。在活动就要开始的时候，我发现自己身处一间明亮而漂亮的房间，里面有4个沙盘，靠墙摆着1米高的架子，架子上的沙具按类别摆放，并且很容易拿到。坐在我旁边的是我的同事高岚和那位大学的院长。我对整体状况感觉很不好。带着疑问看了一眼高岚后，就明白让那位院长和他的学生离开是不可能的。第一组小一点儿的孩子和他们的治疗师一起走进房间，并分散到各个沙盘边。孩子们假装没有发现我们这些观察者。接着一个14岁的黑眼睛女孩子出现在门口，快速而怀疑地扫了我们一眼，突然跑进房间，把手举到放置沙具的架子上平放。当她擦过沙具时，它们开始危险地晃动。一个巴洛克式的瓷娃娃从架子上轰然倒地，摔成碎片。女孩又回到了自己的沙盘边。这是个令人困窘的状况，她的治疗师去拿了扫帚和簸箕，谦恭地把碎片扫了出去。这种挑衅行为表现得非常成功，不用说一句话她已经让我们知道："一些有价值的东西已经被打碎了。"

一些孩子已经开始触动沙子，而其他的孩子还在架子边选择他们的沙具。现在一个新的问题出现了：一个6岁的女孩拒绝到她的沙盘边去，她今天不想玩游戏。她的沙盘离我们这些来参观的陌生人最近，于是我们把沙盘移到房子的另一边，果然那孩子就满意了。

沙盘工作开始了，孩子们很专注，气氛也轻松下来。我注意到小一点的孩子在架子前花了很长时间，甚至开始在地板上玩耍起来。他们的治疗师坐在沙盘边，没有什么可以观察和记录的，可以说是孩子们抛弃了他们的治疗师。同样打击我的是一些孩子很耐心地用沙具在沙盘的边缘排成队：一个孩子用的是士兵，另外两个用的是汽车和食品（图3、图4）。显然，这种人为增高沙盘边缘的做法给人的印象是沙盘内部的空间需要受到保护。同时这种努力看起来徒劳无功。更糟糕的是，这花费了孩子们太多的时间和精力，以至于没剩什么时间来做沙盘。

活动结束后，我们研究沙盘发现，和前几次活动的照片相比较，大部分孩子的沙盘中能辨认出退行，呈现那些已经被处理和结束的主题。一个孩子，在过去的活动中讲述一个连续的故事，这次又像过去那样，把沙具快速地摆到沙盘上然后又把它们拿走。我们的出现明显产生了一种干扰性影响，接下来和学生的讨论给出了答案。我问他们这次活动中和孩子们相处时的感觉如何，他们开始释放自己："不舒服。"他们说："受控制，受非难。""我害怕我坐得离沙盘太近或太远。""我感觉僵硬。""那个孩子想抓我的笔，他以前从没这么做过。我该怎么办？"看起来干扰不仅对孩子有影响，对成人也一样。治疗师们把我们的出现当作一种控制性的干扰。因此，孩子们失去了稳定，反之亦然。在这次活动中与孩子们相联系的，不再是那个迄今为止一直专注地观察着活动并可以分享体验的人，而只是一个神经非常紧张的人。这也就难怪他们以退行来回应。

只有一个孩子在这次活动中没有表现出退行，这个11岁的男孩甚至有了向前的飞跃。他富有想象的描述表明，他已经能进行口头表达。为什么他与其他孩子相反，能把干扰作为促进因素？好像他自己悄悄地想："我要给这些陌生人看看。"这个男孩的治疗师是唯一一个能流利地说英语的学生，像其他的学生一样，她也感受到了紧张的气氛，但她仍感到舒适。她注意到已经有一段时间没有出现过的行为再次出现了——男孩很长一段时间什么也不做，只是把沙具埋进沙里再挖出来。这个学生把这归因于陌生来访者的出现，这样她就为男孩的行为找到了一种合理的解释。她继续对男孩的行为保持信任，而且她的表现也对男孩产生一种有共鸣的、治疗性的影响。在她的支持下，他仍然有一个自由与受保护的空间，就像在以

图3 孩子摆出的沙盘1

图4 孩子摆出的沙盘2

前的活动中一样。由此，在这次活动中，男孩取得了突破性的进步，能形象化地口头表达沙盘对他的意义。

❷ 个案：芭比娃娃

当飞飞第一次走进沙盘游戏室的时候，她脸色阴沉、步履沉重地走到被分派给她的治疗师身后远远的地方停下。当一个路过的老师礼貌地问孩子们今天要去哪儿时，飞飞没有回答，治疗师在飞飞眼里像是不存在一样。尽管如此，这个女孩还是准备好参加沙盘游戏，并默默地摆起了沙盘（图5）。

在一大片绿叶底下，女孩放了一个小婴儿的沙具——在把它的头拽掉之后；沙盘上还有一群鸭子，有一只小鸭子被落在了后面；一个金发碧眼女人的沙具背对着其他所有东西，就好像在发呆一样。

治疗师看了这个沙盘后很担心。一只小鸭子被落在了其他鸭子的后

图5　飞飞在第一次活动中摆出的沙盘

面，这制造出一种极其危险的感觉，因为自然界中一只小鸭子如果被落在鸭群后面就会迷路。

第二次活动，女孩拿了一个芭比娃娃，一件接一件地剥去娃娃的衣服。如果衣服不容易取下来，她就把它们从娃娃身上使劲撕掉，这简直惨不忍睹。接着，女孩使劲地撕扯芭比娃娃的头，直到它咔嚓一声折断。最后，她把这些支离破碎的东西都扔到地上。第三次活动也是一样，被遗弃的小鸭子再次出现，芭比娃娃也被拽掉了头，治疗师要花很大精力才能消除不安感。

在第四次活动前，飞飞不想再去做沙盘游戏了。当她和治疗师穿过生活区和做沙盘游戏的建筑物之间的花园时，飞飞突然坐在草地上并让人明白她想待在那儿。她开始愤怒地拔草，治疗师听任她这样并坐在她旁边。女孩开始哭泣，但并不想被人拥抱。过了大约半个小时，她恢复了些镇静，同意回沙盘游戏室加入其他孩子。她在沙盘边找好位置并开始像进行慢动作一样做沙盘游戏。治疗师心中泛起一种眩晕的感觉。沙盘中的沙具，不像人们想的那样只是被扔到沙里，而是被仔细地摆在确定的位置——一个挨着一个（图6）。治疗师几乎相信她闻到了一个巨大的垃圾场散发出的恶臭味。

大量的人、动物、交通工具和家具被摆得到处都是，就像被丢弃一样。几乎是在沙盘的正中间，有一个棕色的没有盖子的茶壶。其他同龄的孩子都耐心地用沙子把每一个空缺和容器填满，相比之下，飞飞的沙盘就显得更加突出。唯一直立的沙具是沙盘顶部的一个小矮人，它面向治疗师，象征一缕希望之光。沙盘右边堆积的家具象征唯一可辨的条理，这也许暗示秩序的开始。或许有两件事使得飞飞很不情愿来参加活动：其一，以前的沙盘也许搅乱了她的心理，因为它们描述了严重的创伤；其二，她在接下来一周的某个时候将会被新的父母收养。我们很难想象在这种情况下，一个6岁女孩的头脑中会想到什么，但能够肯定的是她既害怕又愤怒。

图6　飞飞在第四次活动中摆出的沙盘

因为没有任何相关的信息，我们只能推测这个女孩最初如何以及为什么会来到机构。图7是飞飞在被她的新父母收养前摆的最后一个沙盘。

图7　飞飞最后一次摆出的沙盘

沙盘的左下方是同之前沙盘一样的混乱场景。那里仍然有许多“被丢弃的”沙具，但都是完整的。中间三个所谓的“神像”占据了主要位置：一尊佛和两位天使。不清楚这三个沙具是否在同其他小一点的沙具“交流”。沙盘两边，两艘船好像要扬帆起航。它们让我们——这些必须站在孩子背后的治疗师们——希望这个女孩未来的生命之旅有一个幸运的开始。

③ 个案：穿越沙漠的漫长旅程

11岁的甜甜玩得极其专注。他在一次活动中就摆了4个不同的沙盘，每做完一个场景就问他的治疗师：“是这样吗？”甜甜给人的印象是急于完成大部分的治疗工作，就像在过去那些年里，他的内在积聚了大量未经处理的情绪，而现在急于一次性消解。快速变化的场景与侵犯（野生动物攻击、空袭、炸弹）和抛弃（婴儿一个人在家里）有关。甜甜没有对沙盘进行任何评论，沙盘中也没有清晰的故事线索。在第4个沙盘中，当飞机被蛮力从半空中撞下来的时候，治疗师清楚地感觉到甜甜的愤怒和沮丧，但很快“他的游戏”开始冷静下来。最后保留的沙盘场景中只有3个元素：两辆卡车和一台挖掘机在沙盘的上半部。甜甜对此解释说：“我喜欢挖掘机。它们有很多不同的功能。”也许他是在表达一种发掘他自身潜能的愿望。他在表达与治疗师之间的关系有多紧密时，不是通过语言，而是通过摆放所有的沙具，以便让它们面对治疗师。他内在的一切都朝向这条“救生索”，而这将有可能帮助他弥补成长中的缺陷。

甜甜在学校里的表现并不好。基于智力测试的结果只有65分，他被划归为“思维发展缓慢”的孩子。而甜甜在沙盘游戏期间表现出来的关联能力——自然没被智力测试包含在内——表明了与他年龄相符的情感成熟程度。

在第二次活动中，甜甜只做了一个场景（图8）。当他完成时，他说：“这是一个沙漠。汽车已经行驶了很长的一段路。它们已经到了加油站。有人在这儿种了树和花，湖上还有鸭子。”

图8　甜甜在第二次活动中摆出的沙盘

这次他描述了故事情节，讲述了有关穿越沙漠的漫长旅程，这个沙漠也许是甜甜到福利机构生活后的情感沙漠。加油站是个能够加满油（能量）的地方，即便现在还不容易到达（前进的过程中有阻碍）。但是汽车（甜甜）最终到达了漫长旅途（也许是他失去父母后的许多年）的终点，并将要进入新的领域。五棵树，是“有人种”的——他已摆了五个沙盘——表明了他即将到来的心理成长。这也通过鸭子的象征意义得以进一步强调。鸭子可以被看作转化的因素，因为它们可以自由地在自然界四种元素中的三种中移动：土、水和空气。

在第三次活动中，甜甜花了些工夫去完成被他称为“公园”的沙盘（图9）。它包括一个广场和一个圆形区域。每个区域都长满了茂盛的植物，枝叶间有多个玻璃或大理石制成的闪闪发光的东西。

图9 甜甜在第三次活动中摆出的沙盘

这看起来像是他在沙漠中刚刚发现的一片绿洲。那个男孩两个星期前还羞怯地询问以确定他所做的东西，现在他看着自己的沙盘，看了很长时间，然后说："我知道这不是真的。如果它是真的，我会喜欢它，因为它很美。"甜甜不但用这些话描述了他的沙盘，还以一种最为综合的方式总结了沙盘的意义。它近似于温尼科特的"过渡空间"[①]，既真实又虚幻，新的创作由此产生，这是自然与文化之间的互动。但最重要的事情是，甜甜表达出了他爱什么东西是因为它很美。这意味着爱可以由美激发，即使在生活中几乎没有体验到父母的爱的孩子，依然能从自身生发出爱。由此可见，智力测试并不总是决定一个儿童成熟度的最可靠的方法。

8个月后，当甜甜的治疗师要出国时，他被告知可以和另一位治疗师

① D.W.WINNICOTT. Playing and reality [M]. London: Tavistock Publications, 1971.

继续沙盘游戏。他试了两次后失望地拒绝了。他认识到对他而言，沙盘游戏只可能在一种非常特定的有疗效的关系下进行。接下来的几周，他表现出挑衅和退化的行为。在此期间，治疗师尽量从国外和他保持联系。随着时间的推移，尽管甜甜的治疗提前结束，他依然不断取得进步。随着他内在的进步，他最终才能够在某种程度上忍受这一新的被抛弃的体验。这个个案清楚地表明：沙盘游戏的过程是独一无二的，一个治疗师很少能被另一个治疗师成功地取代。这意味着当一位治疗师开始和一个孩子做第一次沙盘游戏时，就要非常注意自己在其中的责任。沙盘游戏允许建立一种深层关系，即使没有太多的语言交流。

三、沙盘游戏干预效果的研究

心理分析工作需要实践来深入，学术研究更需要足够时间来逐渐推动和积累。心灵花园公益项目的志愿者们一年四季、一周一次，积年累月地深耕厚植于福利机构的困境儿童，他们初心如磐，长期在这里提供着深层的精神滋养。《周易》的井卦的六爻系辞中讲“井收勿幕，有孚元吉”，以德利人，不计个人得失，而君子在“笃诚相待”“以德利人”之时仍须有知识、有方法，方能守恒利人。心灵花园公益项目的志愿者队伍里以专业的心理咨询师为主，他们当中服务年限最短的也有二年，最长的已有十年。人们常说：时间不语，却回答了所有。以“诚”守恒、行健不息才能行稳致远。

志愿者们参与心灵花园公益项目咨询实践工作所投入的“爱”与“诚”更印证了“深爱浅笑，一如既往”。同时，坚守在这里做深入咨询工作，也为志愿者们提供了实践研究的可能：首先，这是一项可建立长期心理咨询关系的实践工作；其次，可以心理陪伴的特殊儿童的个案为研究对象进行创新性的学术研究。工作期间调研获得的学术研究成果，还能为后期加入的志愿者和其他福利机构提供借鉴和参考。

由此可见，专业的心理咨询师们参与心灵花园公益项目志愿服务工作产出的效能是多维度的。至少，一项工作能产出两份可见的价值效能。同时，在这里长期工作的咨询师们也印证了心灵花园公益项目心理咨询师团队中最有魅力和凝聚力的部分：专注于深耕厚植、笃行致远的如磐初心。

（一）沙盘游戏对机构困境儿童治疗干预效果的研究（2008年）

沙盘游戏治疗是荣格心理分析的一种演变，强调潜意识的参与以及潜意识作用的发挥。沙盘游戏中最基本的流动和平衡，能够反映出人的心灵以及整个自然界的过程。沙盘游戏的本质在于唤醒人的无意识及躯体感觉，碰触最本源的心理内容，使人能够重新体验前言语和非言语的状态。

❶ 研究问题

目前极少有学者研究使用儿童心理咨询的策略对机构困境儿童心理问题进行干预。机构集中供养的儿童虽然也能得到保育员比较细心的照料，但是由于机构人力有限，一个保育员往往要照顾2～3个小孩，同时每个孩子的年龄不同，生长发育的时间不同，保育员不可能关注到每个小孩的肢体动作和语言训练，也不可能与他们进行很多的情感交流。本研究聚焦机构困境儿童的照顾和教养方式，并试图使用沙盘游戏疗法对机构困境儿童的心理发展现状进行干预，旨在缓解机构集体供养的困境儿童由于依恋剥夺、早期父母亲密关系缺失而造成的心理问题。

❷ 研究假设

（1）机构困境儿童的沙盘相较于幼儿园常态家庭儿童的沙盘，会呈现较多的创伤主题和较少的治愈主题。

（2）创伤主题和治愈主题的数量随着治疗的进展而发生变化。在治疗的早期阶段，创伤主题数量多于治愈主题数量，随着治疗的进展，治愈主题会更多出现并且最终在数量上会超过创伤主题。

③ 研究对象

16名机构困境儿童。34名幼儿园常态家庭儿童。

④ 研究方法

个案研究方法和量化研究法。

以沙盘游戏为治疗工具，每周一次，每次一小时，对16名困境儿童进行沙盘游戏个案咨询。辅以量化研究法，对沙盘游戏整体治疗效果进行分析，寻找机构困境儿童共有的心理问题特征。

⑤ 研究过程

（1）沙盘照片收集

研究主试均经过至少100个小时的专业技术培训，符合国际沙盘游戏治疗学会初级基础的沙盘游戏培训师的条件。

第一次进行沙盘游戏时，被试进入沙盘游戏室后，统一在一个沙盘前听取指导语：“我们现在来玩沙盘游戏，这个是沙盘，里面装有沙子，沙盘有蓝色的底和蓝色的壁（边说边拨开沙子给被试看蓝色底面），靠墙的架子上有很多的小沙具，你们可以选择你们所需要的或者是你们喜欢的沙具放到沙盘里，想怎么玩都可以。我们玩沙盘的时间是50分钟，再用10分钟讲一讲我们的沙盘。在做沙盘游戏时，请不要跟别的小朋友说话，独立完成自己的沙盘。有任何问题可以问我们。完成以后请告诉我们一声。”

沙盘游戏时间为每周一次，一次一小时（50分钟左右摆沙盘，10分钟左右的时间做语言交流），主试记录被试的操作过程（一律使用统一格式的记录纸）。

被试摆完沙盘后，主试询问被试相关问题。例如：你都玩了什么？有什么想告诉我的故事吗？你最喜欢沙盘中的哪一个部分？这个部分里你最喜欢的沙具是什么？这个沙具人物或动物，它在做什么？这些问题相对一致。

然后主试在被试的沙盘边框上放置被试的姓名和编码卡，拍摄数码照片，包括一张被试所站方向的沙盘全图和若干张重要细节，并存档。

最后，选择机构困境儿童组（实验组）16名儿童中，做沙盘次数超过6次的儿童的沙盘照片共125张；幼儿园常态家庭儿童组（对照组）34名儿童的清晰、有效的沙盘照片34张。

（2）沙盘主题特征编码

本研究借鉴以往研究中使用的沙盘主题特征编码表，90个沙盘主题特征中45个特征是创伤主题特征，45个是治愈主题特征（见附录2）。沙具一共分为10个大种类，每个大种类又包括几个小的分类，分类的具体情况如下：①动物：史前动物、野生动物、畜牧动物、家畜、鸟、水生动物、两栖动物、昆虫等；②人物：家庭成员、成人和儿童、看护人员、士兵、警察、古代人物、童话和神话人物等；③建筑物：房子、塔、桥、亭子等；④交通工具及设施：汽车、船、飞机、救护车、路灯、路障、栏杆等；⑤植物：树木、灌木、花等；⑥生活用品：家具、炊具、食物、餐具、乐器、节日礼品等；⑦自然元素：宝石、石头、贝壳、珊瑚等；⑧宗教：金字塔、图腾、钟、八卦、宗教人物等；⑨武器：坦克、战斗机、潜水艇、兵器等；⑩其他：头骨、化石容器、残缺的沙具等。

（3）评分

研究者根据沙盘主题特征编码表（附录2）上列出的特征分析沙盘照片，沙盘照片随机分为两份，一份由主试本人评分，另一份由第三方研究者评分。使用二级评分法，如果照片上出现编码表上的特征，那么就记为

1，该特征不管出现几次，都记为1；如果该特征一次也没有出现，那么就记为0。

（4）数据录入与分析

对实验组16名儿童的125张沙盘照片和对照组34名儿童的34张沙盘照片加以编号，依编码表的特征顺序依次输入计算机，并对数据进行管理与统计分析。

①沙盘游戏个案1。

洁洁，女，7岁。一共收集11张沙盘照片。结合沙盘游戏过程中被试对自己沙盘情景的解释，对洁洁的初始沙盘和结束沙盘作简要的个案沙盘主题转变分析（以下节选了11次沙盘中的初始沙盘和结束沙盘）。

初始沙盘照片（图10）及简易分析内容如下。

整个做沙盘游戏的过程中洁洁没有说话，我问的问题也没有得到回答。

初始沙盘有几个显著的特点。首先，出现在沙盘中央位置坐在婴儿车中的小娃娃，是沙盘出现的人物形象中唯一一个受到保护的、符合现实生活特点的形象，但是我们看到这么小的娃娃的周围一片狼藉，既没有照顾她的成人，也没有一个安全的环境；其次，沙盘中呈现出来的整体环境是混乱的，不同种类的沙具散乱分布在沙盘中，沙具之间没有联系；最后，坐在婴儿车上的小娃娃的对面是沙盘中最混乱的部分——右下角（人物、小鸟、鸟巢、结婚新人、翻倒的车辆堆在一起），在接近结束的几分钟里，娃娃的脸转向主试坐的方向。

结束沙盘照片及简易分析内容如下。

洁洁解说为，白雪公主和小矮人们一块去看长出来的豆子。他们走过一个湖，湖里的小鱼、青蛙很喜欢他们，都游过来看他们，而他们最喜欢那些新长出来的豆子。

结束沙盘周围都是盛开的鲜花，右边是冒出嫩芽的豆子；没有了陷

图10　个案1初始沙盘照片

害白雪公主的巫婆，小矮人紧跟在白雪公主的后面，洁洁喜欢的鱼护卫在周围，形成一个“圆形”的“组织”，向着沙盘右边发出嫩芽的豆子地走去。

经过11次的沙盘游戏治疗，被试沙盘中的人物主角从混乱的环境里被忽视的小娃娃过渡到相对有秩序的环境里因发展能量受到环境阻碍而躺倒在沙盘中的人物；再转变为聚会庆祝的场景中受到成人照顾和保护的小娃娃；接着人物形象换成符合现实状态的白雪公主形象，表现的却是一个受女巫陷害的女孩；到结束沙盘，白雪公主在后面一群小矮人和动物的护卫下，走向右边（图11）。

而结束沙盘也充满了富含象征意义的内容。从图形的象征含义来说，圆形代表圆满、整合，是充满力量的象征；从沙盘结构的象征意义来说，

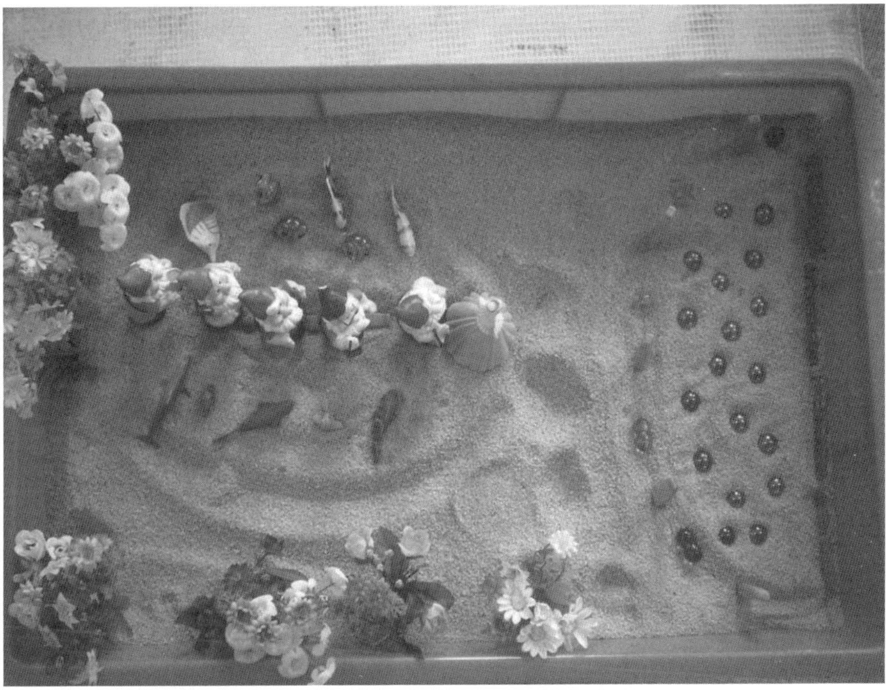

图11　个案1结束沙盘照片

右边象征未来的方向；从被试赋予沙盘的含义来说，右边长满的刚刚发出嫩芽的豆子便是充满希望的象征。

②沙盘游戏个案2。

田田，男，6岁。

初始沙盘照片及简易分析内容如下。

田田第一次进入沙盘游戏室时，在带领老师的要求下向我们问候“姐姐好”，在听完指导语后开始进行沙盘游戏。

主要使用的沙具有家具类、交通工具、水晶球、动物类、人物类（芭比娃娃、小公主、耶稣等）、食物类、宗教类，以及骷髅头。

田田先拿了一只黑色的狼放在沙盘右下方，他拿的第二件沙具是装上了沙子的两个篮子。后来他拿的盒子、茶具、砂锅、卡车、骷髅头、棺材、蜡烛、香龛、柜子，都装满了沙子。但装沙子的时候并不是用手装的，而是专门找了一个贝壳来装沙子。背十字架的耶稣被放在了左下角，其对面是一个土著人，后面的人都是随后陆续被放上去的。

初始沙盘中央部分，一面插起来的旗帜周围分散了大量的动物（鸟）、交通工具（飞机、汽车）、食物（草莓和其他）。

从出现的人物的角度分析，沙盘中出现的人物大部分都是神话传说中的人物，离被试最近的一群人物为上帝、福禄寿三星、小公主、超人；沙盘中央出现的人物为关羽；最明显的一个女性人物是倒在沙盘中的芭比娃娃（图12）。

田田玩沙的特点为，不用自己的手去直接接触沙子，而是以一个贝壳为中介，把沙具中空的地方都填满沙子，几乎所有沙具中的沙子都要慢慢

图12　个案2初始沙盘照片

地溢出来，给我沉重、颇有压力的感觉。沙盘中出现的骷髅头、棺材中探出头的骷髅，都给人受伤害的、沉重的创伤感觉。联系他的现实生活情境可知，早年被父母抛弃对出生不久嗷嗷待哺的孩子来说无疑造成了毁灭性的创伤。芭比娃娃或许就是被试心中照顾者的角色，她有高贵、善良、美丽的形象，但却不能承担起悉心照顾每个孩子的角色，所以她是倒在沙盘里的。过去和现在两种创伤体验交织在一起，整个沙盘给人的感觉是沉重的。而被试对此的态度表现在沙盘中是对立的、矛盾的。站在近处的土著人被砍头，是被试内在善、恶两种冲突的力量的表现，一面是善良的、受苦难洗礼的仁慈的力量，另一面是有力的、破坏性的力量。两种力量的整合表现在沙盘中央的关羽的形象上，而插在旁边的一面旗帜更像宣誓或出征前的整装待发。从被试的沙盘中可见，他也有为这些潜在的倾向准备一些原始的动力，如食物、加油站都是能量供给，飞机、汽车蓄势而动。

结束沙盘照片及简易分析内容如下。

沙具有三国人物、西游记人物、抱孩子的圣母、白色圣母、2对新婚夫妇、1对照顾孩子的夫妇、象鼻神等。

从沙盘左边到右边，田田依次放了大大小小的公主，紧接着放了娃娃和桌子，刚开始娃娃是站着的，后来他又把它们放倒。在又放了2个沙具之后，又面对着公主放了一排拿武器的人，后面还放了超人。在放红色牌子的时候他很仔细，一个一个立起来放好。

我问：有故事吗？

田田答：有娃娃在睡觉，一排（拿武器）的人要打白雪公主，并不是所有的都要打，超人赢了。我最喜欢的是红色牌子和超人。

这个沙盘的三个部分给人带来三种感觉：祥和、危险、对峙。红色盾牌以下放置了绿树、果实、盛开的荷花、印度神、坐在爸爸肩头的孩子、结婚的新人、天使以及写有福禄寿的红色牌子，都给人祥和、喜庆的感觉；红色牌子到对峙的超人背后这个区域集中了很多在睡觉的小娃娃，虽

图13　个案2结束沙盘照片

然旁边也有放置公主一类的人物，可是这些人物对这些睡觉的娃娃都起不到照顾的作用，还有一个睡在大笼子上面的小娃娃，以及站在柜子上面的小娃娃，这让人觉得是充满危险的；最上面的部分就是两排对峙的人物，一排超人和一排公主，被试自己说拿了武器的超人要打白雪公主，超人赢了，给人弱肉强食、攻击侵略的感觉。

根据弗洛伊德的观点，人格分为本我、自我和超我三个层次。这个沙盘给人的感觉就是被试三层人格的显现，最下面的本我，在经过一系列的沙盘游戏之后，无意识的内容相对整合，整个力量变得和谐；超我的部分强调一成不变的社会规则，尤其是被试在一天以前因违反纪律而被惩罚，就像白雪公主面对手持武器的超人；而自我的部分出现退行，很多小娃娃在睡觉，暂时失去行动力，还有两个小娃娃暴露在危险中。

历经一个半学期总共收集12次沙盘，回顾第1～12次沙盘，发现使用的沙具、沙具的位置、沙盘呈现的内容、沙盘的格局安排都是不断变化的。但是，被试混乱、分裂、限制、冲突、受阻的主题几乎是贯穿12次沙盘始终的，而在后面的几次沙盘中，会发现根据被试的讲述，沙盘里逐渐呈现一个完整的故事，一个统一的主题；从沙盘的呈现上，会看到分裂、对立的区域从沙盘中央逐渐向一边变化，沙盘下边的面积越来越大，呈现的治愈主题（灵性、新人结合、新生、能量）越来越多，给我们带来更多的治愈的希望。

6 研究结语

研究得出以下结论。

（1）总览机构困境儿童的心理健康现况，总体水平偏低，特别是机构内集中供养的儿童，由于情感等方面的发展需要得不到满足，与幼儿园常态家庭儿童相比，心理健康水平较低。

（2）对机构困境儿童沙盘游戏治疗研究的过程中，数据结论显示，机构困境儿童初始沙盘创伤主题与幼儿园常态家庭儿童初始沙盘创伤主题特征相比，在混乱、限制、倾斜、受阻、倒置五个维度特征上出现显著性差异。

（3）对于沙盘游戏治疗的干预效果，从整体数据水平和个案进展情况两方面进行分析。在经过一系列的治疗后，从整体数据水平看，机构困境儿童结束沙盘创伤主题中混乱、限制、倾斜、受阻、倒置特征的数量变少，而治愈主题中旅程和整合特征的数量变多。从个案进展情况看，整个的沙盘游戏治疗过程是一个内在自我整合的过程，沙盘中出现越来越多的积极讯号。

（4）影响机构困境儿童心理健康水平的因素是多方面的。关于个体因素，机构困境儿童经历了早年依恋剥夺、与父母稳定的情感的缺失；关于环境因素，机构集中供养的环境很难满足儿童个性化的发展需求；关于研究因素，针对机构困境儿童心理问题干预方式的研究很少有学者关注。

以上是本研究得出的一些初步结论，可以为相关领域学者作进一步研究提供一些参考。在应用方面，虽根据研究的结果提出了团体沙盘游戏活动的心理干预建议，并作了初步的尝试和探索，但仍然缺乏实践的验证。另外，改善机构困境儿童心理健康状况，需要机构、研究人员以及社会的共同努力，如何在实践中实现这一点有待进一步的思考和研究。

（二）沙盘游戏对福利机构脑瘫儿童心理问题的干预效果研究（2013年）

福利机构脑瘫儿童作为更特殊的人群，一般的心理干预方法对他们来说难以实施且很难起到作用。对于脑瘫儿童的心理康复，首先需要更加客观的指标来标示儿童心理上的变化，其次也可探究如何使沙盘游戏对脑瘫儿童的心理康复发挥作用。脑瘫儿童康复的理论基础是脑组织的高度可塑性，沙盘游戏作为一种心理治疗方式，在面对存在脑损伤的脑瘫儿童的时候，如何作用于他们的脑神经机制、可激活脑部的哪些区域等仍是未知并值得深入研究的方向。

❶ 研究问题

本研究以心理分析和沙盘游戏理论为基础，以进行长程沙盘游戏的福利机构脑瘫儿童为研究对象，探究在脑瘫儿童康复训练过程中加入沙盘游戏治疗的效果，依据沙盘主题特征的变化和问卷结果，考察沙盘游戏的治疗效果，探索福利机构脑瘫儿童心理康复的可能性。

研究通过沙盘游戏过程以及利用功能性近红外光谱（functional near-infrared spectroscopy，简称“fNIRS”）技术探查沙盘游戏过程中脑瘫儿童的大脑皮层活动状况，探索沙盘游戏对脑瘫儿童心理康复所起的作用。具体利用沙盘主题编码系统，考察脑瘫儿童的初始沙盘特征，并与问卷的结果进行比较，以此更完整地反映脑瘫儿童的心理特点。

❷ 研究设计

本研究由三个子研究组成，逐层分析脑瘫儿童的心理规律，探究福利机构脑瘫儿童在沙盘游戏过程中大脑皮层的活动状态，分析沙盘游戏的治愈效果。

研究一：调查脑瘫儿童的心理行为状况并获取初始沙盘，分析其初始沙盘主题特征和Conners儿童行为问卷教师量表四个因子的相关性。

研究二：利用fNIRS技术检测脑瘫儿童大脑血氧含量在沙盘游戏过程中的变化。

研究三：对福利机构脑瘫儿童进行长程的沙盘游戏，探究沙盘游戏的治疗效果。

❸ 研究意义

理论意义：以心理分析与沙盘游戏理论为基础，利用fNIRS技术，以脑瘫儿童为研究对象。为沙盘游戏的有效性提供了客观的论证，并将fNIRS技术用于检测脑瘫儿童的大脑新陈代谢水平和血流动力学响应模式。

应用意义：运用心理分析和沙盘游戏疗法干预福利机构脑瘫儿童的心理问题，最终目的是为以后福利机构脑瘫儿童的康复计划增添必要的心理康复内容，为福利机构脑瘫儿童的身心正常发展提供必要的帮助。

❹ 研究方法

研究一：问卷调查法和沙盘游戏法。探讨沙盘游戏反映和诊断福利机构脑瘫儿童心理问题的可能性和有效性。

研究二：沙盘游戏法与实验测量法。利用fNIRS技术检测在沙盘游戏过程中，福利机构脑瘫儿童的大脑前额叶和颞上回的激活状态。

研究三：沙盘游戏法和问卷调查法。在研究一和研究二的基础上加入沙盘游戏治疗，利用沙盘游戏对福利机构脑瘫儿童进行长程的心理干预。采用Conners儿童行为问卷教师量表和沙盘主题特征编码表考察干预效果。

⑤ 研究内容

研究一：初始沙盘主题特征和Conners儿童行为问卷教师量表四个因子的相关性研究。

（1）研究介绍

研究一的目的：运用Conners儿童行为问卷教师量表调查福利机构脑瘫儿童的心理健康水平，将其与所获得的初始沙盘主题特征进行比较。

研究一的思路：首先获取福利机构脑瘫儿童的初始沙盘，分析初始沙盘的特征，从另一面了解脑瘫儿童的心理健康状况。通过分析Conners儿童行为问卷教师量表的四个因子和初始沙盘主题特征的相关性，论证沙盘游戏反映福利机构脑瘫儿童心理状况的有效性。

研究一的假设如下：

①福利机构脑瘫儿童的初始沙盘中更多表现出创伤主题，更少表现出治愈主题。

②初始沙盘主题特征能够反映福利机构脑瘫儿童的心理特点。

（2）研究对象

12名脑瘫儿童，均来自某福利机构康复医院，年龄为4~15岁。

（3）研究方法

问卷调查法和沙盘游戏法。

（4）研究过程

分别进行Conners儿童行为问卷教师量表调查和沙盘游戏。运用配对样本检验，比较创伤主题和治愈主题之间的差异，采用相关分析法分析初始沙盘主题特征与Conners儿童行为问卷教师量表四个因子（品行问题、多动、不注意-被动、多动指数）的关系。

初始沙盘的主题特征可有效地反映出福利机构脑瘫儿童的心理特点。创伤主题的得分能够很好地反映量表“品行问题”“多动”“多动指数”三个因子的得分，反映出福利机构脑瘫儿童的问题。在所有的创伤主题中，“混乱”和“残缺”主题的得分与三个因子的得分显著正相关，这两个主题的得分能够很好地反映这三个因子的趋势。治愈主题则与这三个因子没有显著相关性，符合治愈主题在理论上的定义。

（5）研究结论

①初始沙盘的创伤主题与Conners儿童行为问卷教师量表的品行问题、多动、多动指数三个因子显著正相关，治愈主题与不注意-被动因子显著负相关，初始沙盘的主题特征可以有效地反映出福利机构脑瘫儿童的心理创伤。

②福利机构脑瘫儿童的初始沙盘中，创伤主题的得分显著高于治愈主题的得分，心理上更多地表现出创伤且缺少足够的治愈力量。

研究二：福利机构脑瘫儿童在沙盘游戏过程中大脑前额叶和颞上回的血流动力学响应模式。

（1）研究介绍

由研究一的结论可知：福利机构脑瘫儿童心理上更多表现出创伤，而当前的康复训练主要关注他们生理上的恢复，忽视了心理的发展。

研究二的思路：在自然实验的情境下，在沙盘游戏过程中进行一次简易的探索性研究，探讨在沙盘游戏过程中脑瘫儿童大脑前额叶皮层和颞上回中氧合血红蛋白、脱氧血红蛋白、总的血红蛋白浓度的变化，检测脑瘫儿童大脑皮层的激活状况，为以后针对脑瘫儿童的更精确的认知神经科学研究奠定基础。

由于条件的限制，研究中没有将“水”放入考虑的范围，重点关注被试只玩沙子和玩沙盘时前大脑额叶、颞上回的激活状态是否存在异同，同时考察治疗师是否关注被试，被试大脑激活状态是否存在显著性差异。

一方面，人类大脑前额叶区域与多种认知活动密切相关，例如工作记忆、执行控制功能、情绪反应等；另一方面，fNIRS探测深度较浅，只能探测到大脑皮层的反应，而前额叶皮层的颅骨透光性较好，监控前额叶皮层的反应能够获得更多的信息。因此，研究二只关注大脑前额叶和相邻的颞上回。

（2）研究对象

某福利机构8名痉挛型脑瘫儿童中有4名儿童不愿意接受实验，有1名儿童在实验后由康复医院改诊为不随意运动型脑瘫，因此只选择3名痉挛型脑瘫儿童作为被试，年龄为4~8岁。所有被试之前都接受过沙盘游戏治疗，熟悉沙盘游戏过程。

（3）研究方法

沙盘游戏法和实验测量法。

（4）研究过程

准备阶段如下：

①志愿者带领被试去房间挑选沙具，将所选沙具放在篮子中，带入实验室，放在沙盘旁边。

②引导被试坐在沙盘前，用卷尺测量被试的头围，利用国际通用的脑区定位10-20法，确定主要两个测试点。

③为被试带上固定光纤的头架，头架通过调节可以贴合不同形状、大小的头部，同时还可以保持光纤之间的距离为3厘米不变。带头架的原则是紧贴头部而不引起儿童的不适，然后按照设计的矩阵插上光纤，为了防止被试的头发影响光纤的发射和接收，使用儿童发光挖耳勺拨开头发。

在整个准备阶段，为避免准备时间过长对被试的情绪造成影响，安排一名幼儿教育方向的研究生陪同，通过讲故事等方式为其排解焦虑、不安情绪。

正式实验阶段（简化的沙盘游戏过程，图14）如下，其中，运用了沙盘、500个沙具以及fNIRS技术：

①玩沙子，时间60秒。治疗师让被试休息30秒，然后指导他用手接触沙子，玩沙子，治疗师关注被试，持续时间为60秒。

②玩沙子，时间60秒。治疗师让被试休息30秒，然后指导他用手接触沙子，玩沙子，治疗师不关注被试，持续时间为60秒。

③将沙具放入沙盘，时间60秒。

④玩沙盘，时间240秒。治疗师让被试休息30秒，然后指导被试利用所选择的沙具进行沙盘游戏，治疗师关注被试，持续时间为240秒。

⑤玩沙盘，时间240秒。治疗师让被试休息30秒，然后指导被试利用所选择的沙具进行沙盘游戏，治疗师不关注被试，持续时间为240秒。

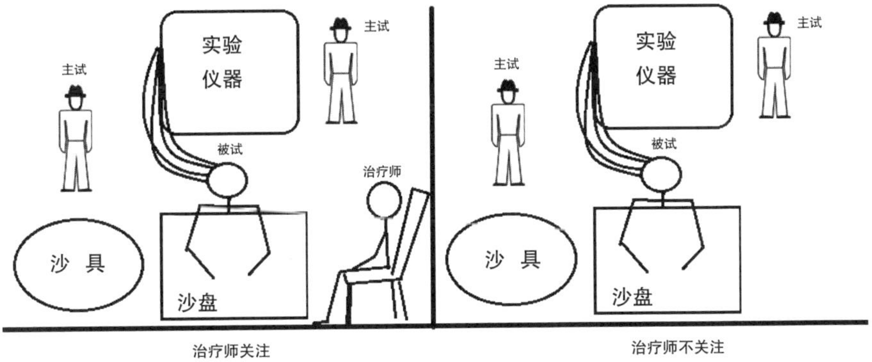

图14　实验设置图

实验结束，将所有被试的数据按照休息、玩沙子、玩沙盘3个任务操作阶段进行平均分配，可以获得每个任务中氧合血红蛋白浓度随时间变化的数据，然后将所有通道的数据按照休息、玩沙子、玩沙盘3个任务操作阶段分别取平均值，可以获得在3个任务中每个通道氧合血红蛋白浓度随时间变化的数据，再进行数据分析。

（5）研究分析

研究二利用fNIRS仪器探测在沙盘游戏过程中，福利机构脑瘫儿童大脑前额叶和颞上回血红蛋白浓度的变化，探索沙盘游戏过程中儿童的大脑前额叶和颞上回的激活状况。

结果发现，在治疗师关注被试的情境下，休息、玩沙子、玩沙盘3个任务中随时间变化的氧合血红蛋白浓度平均值有着显著性差异，玩沙子、玩沙盘时大脑氧合血红蛋白浓度平均值显著高于休息时；在治疗师不关注被试的情境下，休息、玩沙子、玩沙盘3个任务中随时间变化的氧合血红蛋白浓度平均值有着显著性差异，玩沙子、玩沙盘时大脑氧合血红蛋白浓度平均值显著低于休息时。在治疗师关注被试的情境下，有4个区域的氧合血红蛋白的激活最为明显。

治疗师关注被试是沙盘游戏最基本的治愈因素之一。从研究二的结果中可以发现，在治疗师主动关注被试的情境下，被试在玩沙子和玩沙盘时，大脑相比休息时，其氧合血红蛋白浓度显著增加，大脑处于显著的激活状态；而在治疗师不关注被试的情境下，被试在玩沙子和玩沙盘时，大脑相比休息时，氧合血红蛋白浓度显著减少，大脑反而处于抑制的状态。因此在沙盘游戏的过程中，如果治疗师能够主动地关注、共情被试，被试大脑的前额叶和颞上回就处于激活的状态，其大脑的这一部分新陈代谢加快，处理能力提高，使其能够更好地集中精力去思考和理解自己所面临的问题，感受自己的情感。如果治疗师不关注被试，不论这种“不关注”是否明显地被觉察，都会对被试的大脑的激活状态造成影响，影响被试大脑的处理能力。

相比单纯地玩沙子，玩沙盘的任务更为复杂。在治疗师关注被试的情境下，玩沙盘时的氧合血红蛋白浓度显著低于玩沙子时的氧合血红蛋白浓度，这可能是因为玩沙盘的时间较长，大脑在被激活后逐渐处于平静、抑制的状态。

在治疗师关注被试的情境下，有4个区域的激活最为明显，根据大脑结构的初步判断，区域1位于左侧前额叶，区域2位于额叶，区域3、4位于第一躯体运动区。区域1在玩沙子、玩沙盘时氧合血红蛋白浓度没有显著性差异，区域2和区域4在玩沙盘时氧合血红蛋白浓度显著高于玩沙子时，区域3在玩沙子时氧合血红蛋白浓度显著高于玩沙盘时。

（6）研究结论

①沙盘游戏治疗能引发大脑氧合血红蛋白浓度的变化，体现为前额叶和颞上回4个区域的激活。

②治疗师是否关注被试对沙盘游戏过程中的大脑氧合血红蛋白浓度变化有所影响，具体表现为：治疗师关注被试时，玩沙子和玩沙盘时氧合血红蛋白浓度平均值显著高于休息时的氧合血红蛋白浓度平均值；治疗师不关注被试时，玩沙子和玩沙盘时氧合血红蛋白浓度平均值显著低于休息时的氧合血红蛋白浓度平均值。

研究三：沙盘游戏对福利机构脑瘫儿童心理问题的干预效果。

（1）研究介绍

研究三的思路：选取福利机构脑瘫儿童，随机分成实验组和对照组，在实验组福利机构脑瘫儿童正常的康复训练计划中加入沙盘游戏，然后通过Conners儿童行为问卷教师量表和沙盘游戏考察，比较实验组和对照组福利机构脑瘫儿童在前后测中的得分差异。

根据以往的研究和相关理论的推断，研究三的假设如下：

①经过长程的沙盘游戏治疗过程，福利机构脑瘫儿童的心理问题有明显改善。

②没有经过沙盘游戏干预的福利机构脑瘫儿童的心理问题没有明显改善。

（2）研究对象和实验材料

研究被试选择广州市某福利机构康复医院的20名脑瘫儿童，随机分成实验组和对照组。其中实验组12名，对照组8名。实验组被试在正常康复训练过程中加入每周1次的沙盘游戏治疗，而对照组被试只进行常规的康复训练。

实验材料选择沙盘游戏用具和Conners儿童行为问卷教师量表，沙盘游戏用具包括4个标准沙盘、4个全新沙架、48类1800个沙具。

（3）研究方法

沙盘游戏法和问卷调查法。

（4）研究过程

在正式实验之前，先对所有20名被试施行Conners儿童行为问卷教师量表前测。对12名实验组被试进行为期10～12周的沙盘游戏干预，每周1次，每次有4名被试进入沙盘游戏治疗室，每名被试由1名经过系统培训的心理学专业研究生进行沙盘游戏治疗。沙盘游戏结束后，再次对所有20名被试施行Conners儿童行为问卷教师量表后测。实验组被试的初始沙盘和结束沙盘通过沙盘主题编码系统进行编码。收集Conners儿童行为问卷教师量表前后测数据，以及对沙盘游戏主题编码的结果进行整理后，再进行数据处理。

（5）研究结论

①经过沙盘游戏治疗的干预，实验组福利机构脑瘫儿童的心理和行为问题显著减少。

②实验组福利机构脑瘫儿童的内在治愈能量增加，但是创伤主题没有显著变化。

③对照组福利机构脑瘫儿童的心理问题没有显著变化。

⑥ 研究结论

（1）初始沙盘的主题特征与Conners儿童行为问卷教师量表四个因子有着显著的相关性，可以有效地反映出福利机构脑瘫儿童的心理特点。

（2）福利机构脑瘫儿童沙盘中更多地表现出创伤主题，更少地表现治愈主题，缺少足够的治愈力量。

（3）沙盘游戏过程中，治疗师对被试的关注程度会导致被试大脑激活状态存在显著性差异。玩沙子和玩沙盘时大脑激活状态复杂，在前额叶和颞上回中有4个区域激活最为明显，各个脑区的激活状态不一。

（4）经过沙盘游戏治疗干预的福利机构脑瘫儿童的Conners儿童行为问卷教师量表因子得分显著降低。沙盘主题特征编码表的治愈主题得分显著增加，创伤主题没有显著变化。对照组福利机构脑瘫儿童的心理问题没有显著变化。

7 研究分析与展望

（1）研究创新

第一个创新点是选取福利机构脑瘫儿童作为研究对象，该类群体不仅存在生理上的损伤，而且还要承受被父母遗弃的心理上的创伤，尤其需要心理上的干预，促进其身心的健康发展。但以往的研究较少关注福利机构脑瘫儿童，要么只关注其生理上的康复，忽略了其心理上的发展，而本研究关注福利机构脑瘫儿童的心理发展有着创新之处。

第二个创新点是沙盘游戏治疗和fNIRS技术的使用。沙盘游戏治疗为心理干预的工具，fNIRS技术可用来分析大脑的激活状况，这两个工具均能够很好地在本研究中发挥作用，它们在针对脑瘫儿童的干预研究中并不多见，可以为以后针对脑瘫儿童的研究提供新的探索方向。

第三个创新点是理论和实践相结合。研究者有系统地学习沙盘游戏疗法的理论，协助完成研究的志愿者们也都有着丰富的沙盘游戏治疗的实践经验。同时本研究的fNIRS实验环节得到了生物光子专业教师和学生的帮助，实现了理论和实践的有机结合。

（2）研究不足

第一，由于研究对象比较特殊，较难寻找，所以研究的被试样本量较少。在进行fNIRS研究时，由于研究者精力有限，加上仪器运输的困难，所选被试有限。而在沙盘游戏疗效的研究中，由于福利机构的安排以及沙盘游戏志愿者数量有限，研究结果受到一定影响，需要更多的支持和验证。

第二，在研究三中，发现经过沙盘游戏干预之后，虽然治愈主题得分有显著提高，但是创伤主题却没有变化，这是由于沙盘游戏时间较短还是其他原因，仍然需要进一步的研究来加以揭示。同时，由于研究中采用问卷调查法，运用他评量表来进行评定，不够全面，在以后的研究中希望能采用更好的指标进行评估。

第三，尽管有相关的教师和同学协助，但在fNIRS技术的使用、实验设计和数据分析上仍有不足，加上fNIRS技术本身存在一些限制，希望能够继续学习相关的知识，更好地使用实验中的仪器和工具。

（3）研究展望

从研究中可以发现，福利机构脑瘫儿童存在心理创伤，沙盘游戏能有效地反映和干预福利机构脑瘫儿童的心理问题，可很好地弥补康复训练中出现的重生理康复、轻心理发展的不足。

在沙盘游戏所有创伤主题中，倒置、倾斜和残缺主题出现得最多，这与福利机构脑瘫儿童的生理状况有着直接的联系，他们由于生理上的缺陷缺乏关注，在心理上遭受了同样严重的创伤。即使进行了沙盘游戏干预，这三个主题仍然多次出现，说明他们心理上的创伤并未被消除，需要进行更长时间的沙盘游戏干预来提升他们的心理健康水平。

脑瘫儿童通常难以完成自评量表，因此，在本研究中，为确保评估的准确性和有效性，我们不得不采用他评量表作为替代方案，而他评量表有其自身的局限性；且在实验过程中，尚存诸多未解决的问题，有待深入探讨。事实上，关于沙盘游戏治疗在脑瘫儿童中的应用研究，目前仍较为稀少，且本研究仍处于初步的探索性阶段，希望以后能有更多的机会发现多方面、更客观的指标，从更好的角度来研究和探讨沙盘游戏治疗在脑瘫儿童中的应用以及考察脑瘫儿童的心理发展状态。

第六章

展望与未来

让儿童成为儿童

从创立到现在，经过十多年的发展，心灵花园公益项目心理援助对象从最初的生活在福利机构里的困境儿童，逐渐扩大至特殊教育学校或特殊机构的儿童，拓展到在经济、社会、生存、自身和文化处境等方面处于不利情况的儿童。

关于儿童、儿童发展和儿童教育，在20世纪后半期成了一个全球化的议题，承载了人类对自身的重新审视、理解与探索，以及承载了社会文化的理想与未来之梦。1989年11月，联合国大会通过了《儿童权利公约》，为儿童权利保护订立了一套全面的国际法律准则。这一国际公约体现了人类决心"将最宝贵的东西给予儿童"，并建立机制加以实施。1990年，中国政府签署加入签约国。在此之后，中国政府致力于有关儿童经济、生存和自身困境的改善工作。随着儿童成长与发展所面临的经济、社会、生存、自身和文化处境等问题越来越复杂和多面化，心灵花园公益项目从援助困境儿童群体开始转向援助困境儿童的心理成长。

（一）童年的价值

有一个未成年人案例，有一对在城市务工的父母，他们带着孩子辛苦地生活在城市的边缘，他们没有时间照顾和陪伴孩子，在连续两年多的时间里，他们竟然未发现女儿受到了附近人的性侵。母亲因为女儿被性侵而无比自责，表现出极端的痛苦；女儿则开心、快乐地吃着点心（回避与隔离创伤）。这两种呈现出来的情绪，令人感到窒息般的疼痛。在心灵花园公益项目中，曾经也来过一位初中辍学的男孩，他穿着一双比较贵的鞋子，挎着一个比较贵的双肩包，他的父母则衣着极其简朴，眼神紧张、慌乱。当父母描述他们的无助时，男孩却流露出轻视和无所谓的眼神，令人不寒而栗。所以当我们为困境儿童工作时，我们心灵花园公益项目的志愿者需要去思考什么是儿童成长，什么是童年的价值与意义。

在急速发展的社会中，童年生命正处于堕落的危险之中。德国哲学家史怀哲说过，物质过分的发展如果超过了精神的发展，它们之间的平衡就会被破坏。他认为，文化的本质并不是物质方面的成就，物质的成就反而会给文化带来最普遍的危机。在现实生活中，由于物质生活条件的改善，越来越多孩子的童年从自由进入不自由的状态，孩子自然游戏的能力在不断减弱，例如在土地里玩过家家，拿树枝、树叶、泥土进行象征性游戏的能力，都在逐渐丧失，以至于他们的感官愈加僵硬、退化，主动游戏的天赋被消磨。因此，当效率优先的物质主义和功利主义弥漫整个社会的时候，儿童的心灵与精神生命就会迷失。

这里涉及一系列问题：儿童是谁？儿童是存在于他自身还是仅仅作为一种等待成长的存在？儿童这个群体是怎样被定义的？它是一种本质上的划分，还是一种关系上的划分？它是由年龄来决定还是由能力来决定？儿童究竟意味着什么？

对于大多数的成年人来说，很难理解儿童是谁，儿童是什么样的，因为这对他们而言没有太多意义。

作为荣格分析心理学派的一名分析师，咨询师经常会在儿童身上投射和对抗不确定性的恐惧，以及自身面向未来的恐惧。因为如果我们不能好好地教育儿童，引导儿童，儿童会有怎样的生命皆不可知。这是我们对自身未来的不确定性，以及对自己不可控的一种恐惧，我们难以理解的成年人集体意识里缺失的东西成了集体无意识。

由成人社会假设的儿童和童年——成年本位的指向，使得儿童本身和童年成为被压榨的对象，儿童成为成年人社会集体意识和集体无意识的一部分。成年人自动地按照他们今天的标准来预测孩子将来成人的状态，这令精神迷失的童年更快地进入危机四伏的大海。作为荣格分析心理学派学者，我们认为集体意识和集体无意识会让整个童年沉默下去。正如荣格所说，如果无意识不能进入意识，那么就会成为命运，成为一代人的命运。如果我们简单地牺牲了童年，就会使童年成为个体一生的阴影。

韦伯斯特的小说《长腿爸爸》中有一个在孤儿院出生的少女艾伯特，她是一个幽默、乐观的孩子，在艰难的时光里坚韧并宽容地活着。小说中有一幅图是艾伯特学游泳时，把绳子拴在腰上，像蜘蛛一样。她常常说，幸福的秘诀就是有很多当下的、自然的快乐和喜悦，这是一个很重要的童年真理。

另外一个重要人物是蒙台梭利，她是罗马大学医学院的第一个医学女博士。她在自传中讲述了这样一个故事：有一天，当蒙台梭利下班后疲惫地走过罗马街区的一个花园时，碰到了一对乞讨的母女。母亲被生活所困，满脸哀伤，女儿跟着妈妈在向行走的路人乞讨。在这个时候，女孩获得了一粒用彩色糖皮纸包着的糖，她把糖放在嘴里之后，拿起彩色糖皮纸，然后朝向了天上的太阳。就在蒙台梭利说“你好”的时候，她突然看到了这个女孩拿着彩色糖皮纸面向太阳时脸上瞬间洋溢的喜悦。生活是无情的、残酷的、悲凉的，但是当人真的处于那一刻的时候，那种自然的喜悦和快乐，仍然是和儿童的天真的生命能量最接近的神圣时刻。

人类的童年因自身的好奇、自主快乐而存在，它是天赋的、神圣的权利。从物种的演化来看，物种的发展水平越低，他的童年期越短；物种的发展水平越高，他的童年期就越长。人类的童年期在所有的哺乳类动物中是最长的，这是人类进化的结果，这也是人类在进化过程中获得的最大利益，童年期已经成为人类成长的根基和资源。如果我们抽空、压缩或忽略童年，显然是在破坏人类在自然进化过程中被大自然赋予的天赋，也破坏了其间形成的生命形态和生命信仰的神圣性。

（二）感官与身体是童年的容器

感觉是孩子与他者连接的基础，是儿童最原生、原始的能量所在。年龄越小，身体对感知的需求就越大。儿童通过身体感知所获得的关于世界和生活的认识与体验，对其形成世界观、人生观、价值观具有决定性意义。捷克教育家夸美纽斯在他的著作《世界图解》中指出，不能预先在感觉中存在的东西，无法存于自我的理性之中。因此若能将感觉训练成能够把握事物之间的区别，就能奠定所有智慧、知性发展以及人类在生活中思考能力的基础。

多元智能理论的提出者加德纳曾讲述过一个故事：有一次他和两岁的女儿在海边玩耍时，他发现了一只特别可爱的贝壳。他拿起来给女儿，并说“你看这多好看”，结果女儿看都没看一眼，就把贝壳抢了过来，并用双手把贝壳塞进了嘴里。

不知道大家在想象这样一个场景的时候，获得的启示是什么。对成年人而言，贝壳是美的、值得欣赏的；对于儿童来说，它也是美的、值得欣赏的。但是需要体会的是，一个两岁的孩子常常用最细腻的触觉来感受贝壳的美，用身体的搂抱表达对它的喜爱之情。人类的身体从来不会只是一个生理器官，它同时也是文化的器官、心灵哲学的器官。有时候我们会想：孩子的表达方式和我们的一样吗？我们当然会简单地说：不一样。我们的表达方式和孩子的表达方式区别之一在于，后者有着神圣的、心灵的、哲学的和文化的使命。

原型心理学创始人詹姆斯·希尔曼（James Hillman）说过：人生远非理论囊括得尽的，或早或晚，我们都会受到召唤而踏上自己的路。我们也许记得，这召唤就好像孩提时一股莫名冲动的瞬间涌现，像一种魔力，一次人生轨迹上的莫名转弯，像有神圣的召唤在脑海中激荡——这才是我必须做的，这才是我追求的，这才是我。在荣格自传或荣格的《红书》里，时时提到这种神圣的召唤。这或许就是我们认为的，在童年时代，身体生活、精神生活和自我生存是联系在一起的。

尼采在他的著作《查拉图斯特拉如是说》中描述了人的精神生活的三种形态以及形态之间的转变：骆驼，狮子与孩童。骆驼在千里的沙漠里负重前行，至死方休；狮子展现它所有的战斗的勇气、破坏的力量；孩童显示出天真无邪的创造性的力量。从儿童的立场来说，一个儿童在生命最开始的时候，因为需要不断地学习，便成了骆驼。儿童不断学习，向成年人理想的儿童形象接近时，便是负重前行，直至死亡。如果儿童不愿意负重前行或者想要挑战成年人社会中理想的儿童形象，便会成为狮子，展现出破坏性力量。

在此，让儿童成为“儿童”，而不是成为承载成年人与成年人社会的集体意识和集体无意识的骆驼，才是真正意义上的神圣童年。

附录

附录1：伦理准则

国际沙盘游戏治疗学会（ISST）是由接受过沙盘游戏治疗培训的法人和自然人组成的国际组织，他们从事这种形式的治疗实践，并通过科学研究进一步发展。它的目标如下。

1. 促进对沙盘游戏治疗的研究。

2. 加强沙盘游戏知识的传播。

3. 在保证治疗行为符合伦理的基础上提升培训及实践的资格标准。

4. 便于大会组织及协约执行。

学会在追求这些目标的同时，充分考虑到经ISST认证的学会成员以及个人成员的自主地位和专业利益。

ISST成员保证制定和遵守权利平等规则，禁止在申请加入专业组织、培训方案和学会组织的公共活动方面有任何基于种族、宗教、族裔、性别和性取向的歧视。

国际沙盘游戏治疗学会伦理准则的四个宗旨如下。

1. 该准则使得学会能够明确当前成员、未来成员及成员所服务的对象共同承担的伦理责任的性质。

2. 该准则有助于学会工作展开。

3. 该准则作为一个道德指南，旨在协助成员制定一个专业的行动方案，便于更好地运用沙盘游戏治疗和更好地发挥ISST的价值。

4. 该准则是裁决道德投诉和对社会成员进行调查的依据。

ISST伦理准则的应用如下。

该准则适用于全体ISST认证的学会成员（法人）、直接成员（自然人）、荣誉会员和候选人。该伦理准则不旨在使ISST成员承担任何法律责任。

第一部分

专业责任

1. 主要责任。ISST成员及候选人应按最高道德标准行事，并将来访者的最高利益放在首位。该责任是成为ISST成员或候选人的核心。

2. 熟悉准则。ISST成员及候选人应能熟悉并遵守这些准则。

3. 适用法律。除本文件中引用的标准外，每个ISST成员和候选人应遵守其执业地内适用的国家、地方法律和专业法规，规范其执业/认证专业的行为。

4. 知情同意书。在治疗开始前，ISST成员和候选人应清楚地告知要使用的治疗方法的性质，咨询的时长、次数和费用情况，何时何地进行咨询以及取消咨询的条件。

5. 记录。ISST成员和候选人应保存必要的记录，并根据当地法律、法规或机构程序的要求为他们的来访者提供专业服务。

第二部分

保密性

1. 保密性。ISST成员及候选人须尊重来访者的隐私权，未经来访者允许、无充分法律或道德支持的情况下，不得分享保密信息。

2. 说明保密局限性。从开始乃至贯穿整个治疗，ISST成员和候选人须向来访者说明保密的局限性，并设法确定可预见的保密性被破坏的情况。

3. 来访者材料的专业使用。当来访者资料被用于专业场合时，其身份和保密信息必须得到保护。当资料被公开展示，如在会议、公开演讲、期刊文章和书籍上公开时，应获得来访者本人/父母/法定监护人的书面许可。

4. 个案报告的保密性。提交的最终个案报告，必须包含候选人签署的声明，以验证候选人是否持有来访者关于使用案例材料的书面许可。

5. 记录保密。ISST成员和候选人须确保相关记录保存在只有授权人员才能接触到的安全地点。

6. 机密信息的传输。ISST成员和候选人须采取预防措施以保证电子设备传输的机密性，包括但不限于电子邮件、语音信箱、电话答录机、传真机和网页。

第三部分

与来访者的关系

1. 双重关系。应避免与来访者、其配偶及其他家庭成员建立非专业关系。

2. 与候选人的双重关系。在某些情况下，ISST成员可能在沙盘治疗师培训中扮演双重角色。必须深思熟虑以保持个人心理治疗与对候选人的督导、培训之间的界限。从ISST的观点来看，治疗师应该不同于个人心理治疗师。此外，候选人的导师、个人治疗师和督导不得作为最终案例研究的正式评估人。

3. 避免伤害。ISST成员和候选人应避免伤害来访者及受督导者，并尽量减少不可避免的伤害，补救意外的伤害。治疗师与来访者或其配偶及其他家庭成员之间带有性意味或浪漫互动的关系是被禁止的。

4. 不可放弃。ISST成员和候选人不得放弃或忽视来访者。因此，在休假和生病等中断治疗期间，治疗师在必要时可协助作出适当安排，以便后续治疗。

5. 适当终止。当来访者不再需要帮助、难以从现有治疗中获益或因治疗受到伤害时，ISST成员和候选人需终止治疗。可提供预终止治疗或结束咨询，必要时推荐其他服务提供者。

第四部分

专业行为

1. 专业能力。ISST成员和候选人只在其能力范围内执业，并根据其教育、培训、督导经验、所在地的专业资格和适当的专业经验，使用他们有资格使用的技术。

2. 虚假陈述。ISST成员和候选人不得歪曲其学术背景、专业训练、经验或所属专业协会。不得使用不属实、不准确的材料向公众宣传自己的治疗方法。

3. 持续发展。ISST成员和候选人需保持高标准的能力，不断追求个人成长和专业发展。

4. 伦理职责协商。当ISST成员和候选人对他们的伦理职责或专业实践有疑问时，他们会采取合理的措施与其他ISST成员、治疗师或相关专业人员进行协商。

5. 障碍。ISST成员和候选人不应参与任何因其个人问题，身体或精神上的障碍导致表现不佳，可能对来访者、同行或受督导者造成伤害的活动。如果参与这类活动，他们需寻求具有权威性的专业协助，以决定是否应暂停、终止或限制其专业活动的范围。

第五部分

解决道德问题

1. 知识。ISST成员和候选人应了解ISST的伦理准则、专业组织的其他适用的职业道德准则，以及其所在的认证和许可机构的职业道德准则。面对不道德行为的指控时，缺乏道德责任的知识或误解不能成为辩护理由。

2. 伦理与法律的冲突。如果伦理职责与法律、法规或其他管辖法律权力相冲突，ISST成员或候选人应采取措施解决冲突。如果冲突无法解决，则优先遵守法律、法规或其他管辖法律权力的要求。

3. 预期的道德行为。ISST成员和候选人希望ISST的同行遵守伦理准则。当ISST成员和候选人对另一位ISST同行的行为是否符合道德标准存有疑问时，他们要采取适当的措施。（参照本部分4～7。）

4. 非正式的解决方法。当ISST成员和候选人有理由相信另一个成员或候选人正在违反或已经违反了道德标准时，如果情况允许的话，他们可以先尝试与另外的同行一起非正式地解决问题，这种行为不违反任何可能涉及的保密规定。

5. 报告违反道德的行为。如果一项明显的违反行为已经或是有可能对个人或组织造成重大损害，不适合进行非正式决议或没有得到适当解决，则ISST成员和候选人应根据情况采取进一步行动。这类行动可能包括转介到国家职业道德委员会、志愿性质的国家认证机构、国家许可证委员会、ISST道德委员会或适当的机构部门。当干预可能违反国家或地区保密规定时，本标准则不适用（见4）。

6. 协商。当不确定某一特定情况或行为是否违反ISST伦理准则时，ISST成员和候选人应与其他了解伦理规范和ISST伦理准则的人、专业同行或有关当局进行协商。

7. 与伦理委员会的合作。ISST成员和候选人协助执行ISST的伦理准则，并配合ISST道德委员会或其他正式成立的协会或理事会的道德委员会的调查、诉讼和要求（见第七部分）。

8. 不必要的投诉。ISST成员和候选人不发起、参与或鼓励提出不顾后果、漠视或故意无视事实而反驳指控的道德投诉。

第六部分

被ISST开除的理由

1. 可能的原因。如果ISST成员或候选人被附属的或其他公认的专业协会开除，被吊销执业执照，或被判重罪，ISST应按照ISST颁布的程序进行调查和裁决（见第七部分）。

2. 精神或身体残疾。任何身体或精神残疾（如高龄、药物滥用导致的），导致一位ISST成员或候选人无法执行心理契约中内隐的治疗服务，或导致一位有良好声誉的ISST成员无法履行其本人的责任，ISST应以专业团体的意见为依据，自行调查和裁决其成员或候选人的行为。

第七部分

被ISST合理开除的程序

1. 在可能的情况下，ISST成员协会将使用其规则和程序解决投诉问题。

2. ISST成员协会将把投诉情况通知ISST理事会，并报告相关投诉的进展和结果。

3. 如果投诉不能在当地解决，ISST成员协会可向ISST理事会请求协助。

4. 如有直接成员（自然人）涉嫌违反伦理准则的书面投诉，或未能在地方一级解决投诉，则ISST董事会将指派三名成员听取和调查投诉。三名成员与被告成员不能有附属关系。

2007年8月24日于剑桥大会上批准

附录2：沙盘主题特征编码表

创伤主题

混乱

1. 将不同种类的沙具散乱放在沙盘中，沙具之间没有联系。
2. 将不同种类的沙具堆放在一起，没有组织。
3. 将某一特定种类的沙具散乱放在沙盘中。
4. 过分拥挤杂乱的沙盘。

空洞

5. 沙盘超过1/4的面积是空白的。
6. 使用极少的沙具。
7. 使用缺乏能量的、无生命感的沙具。

分裂

8. 沙盘被明显地用栏杆、沙子或者水域分割成两个或两个以上的部分，而且中间没有桥等连接物。

9. 整个沙盘显得分散，各部分之间没有任何连接。

10. 所使用的沙盘游戏物件之间几乎不存在任何联系。

11. 关系密切的沙具被放在相距很远的地方，中间没有连接的工具。

限制

12. 动物、人物被困在一个地方，与外界沟通不良。

13. 交通工具无路可走（飞机没有跑道可起飞，汽车没有路可出发，船被困在很小的水域中）。

忽视

14. 照顾者与被照顾者相距很远。

隐藏

15. 具有危险性的沙具被藏在其他沙具后面。
16. 具有消极象征意义的人物或者动物藏在暗处。
17. 用沙子把沙具埋藏起来。

倾斜

18. 沙具倾斜。

受伤

19. 动物或者人物被咬伤。
20. 人物或动物出事故。
21. 超人或具有正面意义的童话、神话人物被打败或受伤。

威胁

22. 弱小的人物或动物受到攻击。
23. 凶猛水生动物出现，威胁船或其他鱼类。
24. 怪兽入侵。
25. 战争爆发。

受阻

26. 人物或动物的前方有栏杆或者其他障碍物，不能前进。
27. 交通工具被障碍物堵住，不能前进。

倒置

28. 沙具被反过来放在沙盘中。
29. 人物或动物卧倒在沙盘中。

残缺

30. 现实场景没有人物或者动物出现。
31. 自然场景没有动物或者人物出现。
32. 水生动物被放在沙子上，没有水源。
33. 动物没有食物或者只有餐具没有食物。
34. 家庭重要成员的缺失。
35. 选择残缺的沙具。

陷入

36. 人物、动物的脚陷入沙子中超过30%。
37. 交通工具陷入沙子中超过30%。

攻击

38. 两种或者两种以上的动物之间互相攻击。
39. 人物与动物，或者人物与怪兽，或者超人与怪兽之间的战斗。
40. 准备战斗的士兵或者军队。

其他

41. 饥饿的人物、动物在寻食。
42. 枯萎缺水的树木。
43. 具有创伤象征意义的头骨、蛇、木乃伊、坟墓、死气沉沉的塔林。
44. 刻板地排列同类东西。

45. 出现大批救护沙具，如救护车、消防车。

治愈主题

联结

46. 被分裂的两个部分之间有桥等建筑物连接。
47. 用道路等连接两个世界或者建造物、人物和动物等沙具。

旅程

48. 飞机有足够的跑道空间可以起飞，船出航，汽车有路可以出发。
49. 人物有明显的道路可以前进。
50. 动物有一定的方向可以前进。

能量

51. 出现绿色的植被、绿洲。
52. 水源为植物、动物提供能量。
53. 提供可供饮食的食物。

深入

54. 安全的水域或者畅通河流（水中没有危险的沙具出现）。
55. 宝藏、贝壳、珊瑚的出现。
56. 挖井筑湖。

新生

57. 婴儿的诞生。
58. 蛋的出现或者小鸟的出生。
59. 花儿开放。

培育

60. 母亲的照顾。

61. 鸟喂养小鸟。

62. 护士照顾病人。

63. 照顾者烹煮食物。

变化

64. 创造性地使用沙具或者沙子。

65. 消极象征意义的沙具变成积极象征意义的沙具。

灵性

66. 宗教人物的出现（佛、观音、天使）。

67. 青蛙、蝴蝶、蝉等具有蜕变意义的动物的出现。

趋中

68. 沙盘中央出现“圆形”的“组织”。

69. 沙盘中央对立或冲突双方得以沟通或者统一。

整合

70. 沙盘突出统一的主题或者故事。

71. 不同种类的沙具有组织地结合在一起，形成和谐统一的组织或结构。

仪式

72. 歌舞庆祝仪式。

73. 结婚仪式。

74. 生日晚会。
75. 聚餐欢庆晚会。

缓和

76. 作战双方间距超过5厘米。
77. 对立双方之间有水源或植物隔离、缓和。

规则

78. 使用适量的水来塑造沙形。
79. 沙具按现实情况分类。
80. 沙具的使用比例合适。
81. 沙子和沙具只在沙盘中使用。

对话

82. 人物之间出现友好对话。
83. 动物之间和平共处，聚在一起。
84. 人物结伴玩乐。
85. 天使和人的对话。

其他

86. 找到宝藏。
87. 战斗胜利。
88. 重生。
89. 创造性地使用沙子。
90. 可供居住的牢固房屋。